Our

领导就是
让人追随

〔美〕约翰·科特 & 霍尔格·拉斯格博◎著
John Kotter & Holger Rathgeber

龙瑾◎译

Iceberg
Is
Melting

北京联合出版公司
Beijing United Publishing Co.,Ltd.

图书在版编目（CIP）数据

领导就是让人追随 / （美）约翰·科特，（美）霍尔格·拉斯格博著；龙瑾译. — 北京：北京联合出版公司，2018.10
ISBN 978-7-5596-2546-5

Ⅰ. ①领… Ⅱ. ①约… ②霍… ③龙… Ⅲ. ①管理学–通俗读物 Ⅳ. ①C93-49

中国版本图书馆CIP数据核字（2018）第212111号

著作权合同登记号：01-2018-4816

领导就是让人追随

著　者：〔美〕约翰·科特　霍尔格·拉斯格博
译　者：龙　瑾
总 发 行：北京时代华语国际传媒股份有限公司
责任编辑：张　萌
封面设计：吉冈雄太郎
版式设计：胡玉冰
责任校对：韩　雨

- -

北京联合出版公司出版
（北京市西城区德外大街83号楼9层　100088）
北京中科印刷有限公司印刷　新华书店经销
字数66千字　880毫米×1230毫米　1/32　6.5印张
2018年10月第1版　2018年10月第1次印刷
ISBN：978-7-5596-2546-5
定价：52.00元

- -

未经许可，不得以任何方式复制或抄袭本书部分或全部内容
版权所有，侵权必究
本书若有质量问题，请与本社图书销售中心联系调换。电话：010-63783806

新版推荐语

《领导就是让人追随》好极了，书中蕴含大量信息，很多读者可从中获益。在变化万千的世界中如何收获成功，该书提供了一条必经之路：发现问题的实质、寻求给力的盟友、制订方案、争取支持、与不愿变革者斡旋，等等。

——克里斯·汉德（Chris Hand）

亚美亚公司对花旗集团全球客户管理副总裁

此前，我从未接触过涉猎变革管理如此复杂话题的商业寓言书，而本书以简单的寓言故事呈现复杂的商业问题，让所有读者都能读懂。本书是《领导变革》（Leading Change）与《变革之心》（The Heart of Change）的后续，是管理变革方面的必读书籍。

——里查德·J. 可辛斯基（Richard J. Kosinski）

雅虎公司决策发展部总监

1

《领导就是让人追随》精彩而新奇，恰到好处。我们应该让每一位华盛顿人读一读。

——约翰·巴顿（John Batten）
双盘公司（Twin Disc Inc）执行副总裁

我在五月遇见《领导就是让人追随》，在六月便订购并发放了 60 本，而评估到其对于我们机构变革的意义后，又于九月追加了 500 本的订单。真是难得的好书。

——海蒂·金（Heidi King）
美国国防部项目经理

我从未见过如此浅显易懂而又好料十足的书。横亘管理层的最大难题之一便是——"问题在哪儿？我没发现有什么问题。"而该书借助一座融化中的冰山与一只信念坚定的企鹅情景来描述问题，这一设计实属天才。

——迈克尔·戴姆罗（Michael Dimelow）
TTP 通信公司营销总监

作为科特的忠实读者，我尤其推崇这本书，我会将书中道理运用于同客户打交道之上，而且我认为该书有种独特的力量，有益于个体与组织取得更好的表现。这本最新的小企鹅寓言之作，在我所见，是他所有论著中实用及品质之最。

——阿兰·弗罗曼（Alan Frohman）

弗罗曼联合（Frohman Associates）总裁

读了这本书，并将其与公司少部分人分享后，我们都取得了快速的进步。这本书激励着我们一路向前，而非停滞不前于研究商议或继续繁杂运营。是这本书让我们有所改变。

——汤姆·柯利（Tom Curley）

美国联合通讯社总裁兼首席总编

这是本精彩的好书。作者以简单而风趣的形式向读者完美传递出领导变革中的关键难题所在。而书中各个角色代表哪类人，我们一目了然。该书完成了对于复杂问题的轻松探讨。

——德博·卡斯特德（Deb Karstetter）

ABD 保险与理财公司执行副总裁

小时候，我还在法国，接触到的第一本书是法语经典之作《小王子》。大学乃至成年后，我都多次重读这本瑰宝之作。《小王子》是伴我成长、促我思考的书。而我认为《领导就是让人追随》可能正是二十一世纪的《小王子》。

——史蒂芬·班塞尔（Stephan Bancel）
礼来比利时公司总经理

我十五岁的女儿见我在读《领导就是让人追随》，于是当我将书留在书房后，她便开始读。她读完后，我妻子也开始读。而后，我们全家都开始谈论这本书。我想这本书对于我的家庭，尤其我的女儿而言，其影响应该在于，当我们谈论变革话题时，我们有了便于记忆、富于画面感的参照故事可说。这本书有一种让人过目不忘的特质。

——皮特·Z.沃顿（Peter Z. Orton）
IBM 需求研究的定制项目总监

在这个快节奏的世界，数据表格与材料报告堆积如山，相较之下，这本书好比一股清流，简明扼要而一语中的，易于阅读，里面的许多观点我们也都能投入实际应用之中。这一页，我可能思绪还沉浸于过往，下一页便有可能将我带入未来。

——爱德华·戴（Edward Day）
美国南方电力公司执行副总裁

书中的企鹅不仅会偷走你的心，还会使你成为更明智的企鹅人。

——玛丽·泰勒·摩尔
美国演员

序　言

这本精彩的书表面看来似乎就是一本浅显易懂的寓言故事，但这仅是寓言中的冰山一角。

同约翰·科特在哈佛商学院共事期间，我便了解到，他十分擅长于组织机构的变革之道。我想，世界上很多领导人及经理人都应该读过其颇负盛名的《领导变革》，也认同书中倡导的"八步法"是成功进行组织机构变革的最佳保障。

但于我们大多数普通民众而言，机构变革与我们又有何干系？

答案是，借助《领导就是让人追随》这本书，任何组织机构中的任何人，即我们中的大多数人，都能学会"八步法"，并以此在变革的时代斩获更大的成功。

科特教授与同样富于革新精神的合著者霍尔

格·拉斯格博携手，让我们知道，一群处于逆境中的企鹅是如何看似不自知地成功应用了八步法。

无论是职场，抑或是人生，上至首席执行官下至高中生，人人都能从中有所收获。

阅读过程中，你也许会自我反思："什么是我的'冰山'，而我又要如何应用故事所学？"

而后，你可以与共事的人分享所得。毕竟，大家都在同一阵线，一切往往会往好的方面发展。

斯宾塞·约翰逊
（心理医师
《谁动了我的奶酪》作者
《一分钟经理人》合著者）

前　言

妥善应对变革的挑战，便能蒸蒸日上。欠妥的应对，则会给自己与他人招致风险。

有时候，个人与组织会无视变革之需要。人们未能正确看清局势，要么未能成事，要么没有坚定的信念。可能商界做不到，学校做不到，个人做不到。

关于变革的挑战，我们已研究了数十年。我们知道，哪些是聪明绝顶之人也会掉入的陷阱。我们知道，哪些是能确保团队成功的措施。我们将向你展现我们的发现成果。

我们采取的方式是展现，而非单纯的叙述。而我们展现的形式古老，已有数个世纪的历史，那就是：寓言。

寓言这一形式能达到很好的效果，因为严肃复杂而带有警示意味的话题在寓言中会变得清晰易懂。寓言便于记忆，不同于当今信息爆炸时代的信息碎片，让人转眼忘却。寓言能引发思考，传授经验，并对男女老少都有现实运用的启发。在我们这个高科技的现代化世界，这是我们极易忘却的简单而深刻的道理。

如果你对我们故事的发生地点——南极洲已十分熟悉，那么你应该了解，我们故事中企鹅的生活与《国家地理杂志》纪录片并不完全一致。这便是寓言。如果你认为这是带插图的儿童读物，那么你很快也会发现，几乎我们每个人都能从中看到自己面临的现实困境。

接下来的寓言创意源自约翰·科特关于现实生活中变革如何成功的获奖研究。故事中的基本问题人人都会遇到，但很少人知道如何有效应对。而我们的故事便是对此的应对之道。

CONTENTS 目录

我们的冰山永不融化

你可能会认为弗雷德是只奇怪的企鹅，也许正是那种不合群的企鹅。但那并不十分准确。弗雷德只是做着他认为对的事情。结果，他的所见所闻让他越发警惕起来。

很久很久以前，在寒冷南极的一座冰山上，我们如今称为华盛顿角的地方，有一个企鹅王国。

那儿的冰山已经形成了许多许多年。四面环海，食物充足。冰面上还有永冻雪墙，在冬季能为企鹅阻挡可怕的暴风雪。

打那儿的企鹅记事起，他们祖祖辈辈都生活在这方冰山上。"这是我们的家。"如果你真能找到他们的冰雪世界，他们会这样对你说。站在他们的角度，他们还会理所当然地表示："这将永远是我们的家。"

在他们生活的地方，能量耗损是致命的威胁。王国里的每只企鹅都知道抱团取暖，以求生存。所以他们学会了相互依存，往往生活得像大家庭（当然，如此有好也有坏）。

这种鸟纲动物十分美丽。他们叫帝企鹅，是南极十七种动物门类中最大的科目，永远穿着一身燕尾服。

268 只帝企鹅生活在这方天地。弗雷德就是其中一员。

弗雷德外观举止都和其他企鹅无异。除非你真的不喜欢动物，不然你大概会说他"可爱"或是"高贵"。但弗雷德有个十分重要的特点，令他与众不同。

弗雷德有超常的好奇心与观察力。

在南极，陆地没有食物，必然要在海中捕获食物。而当其他企鹅都在海里猎食，弗雷德却很少下海捕猎，更多时候，他都在研究冰山和海面。

其他企鹅大多时间都和亲友在一起。弗雷德是个好丈夫、好父亲，但他参与家庭聚会的频率不及企鹅平均水平。他常常独自走开，记录他所观察到的事。

你可能会认为弗雷德是只奇怪的企鹅，也许正是那种不合群的企鹅。但那并不十分准确。弗雷德只是做着他认为对的事情。结果，他的所见所闻让他越发警惕起来。

弗雷德有个公文包，里面塞满了他的观察记录，他的思考与结论。（是的，他有公文包，别忘了这是寓言。）他得到的结论越来越令他担忧，结论呼之欲出……

CHAPTER 2

"冰山正在融化，很快就要裂开！！"

弗雷德明白，他该行动起来。但他在族群里的地位，绝不是那种能对其他企鹅发号施令的角色。他不是王国领导者之一，甚至也没能和那些领导沾亲带故。何况，他此前从未有过成功预言的辉煌事迹。

冰山断裂，对企鹅而言将是场灾难，要是在冬季的暴风雪中裂开，更是场灭顶之灾。那时，年老年幼的企鹅必定会丧生。但谁又说得清灾难的后果到底有哪些呢？和那些不可思议的事件一样，企鹅对冰山断裂引发的灾难毫无防备。

弗雷德轻易不会惊慌。但他越是研究自己的观察记录，越是惴惴不安。

弗雷德明白，他该行动起来。但他在族群里的地位，绝不是那种能对其他企鹅发号施令的角色。他不是王国领导者之一，甚至也没能和那些领导沾亲带故。何况，他此前从未有过成功预言的辉煌事迹。

弗雷德还记得他的同类哈罗德告诉人们家园将坍塌时，哈罗德遭受到的待遇是什么。没人关心他的话，哈罗德便奋力找到一些证据。他的拼命得到的回应则是：

"哈罗德，你真的不必太忧虑。来，吃块鱿鱼，会感觉好一些的。"

"要坍塌？不然你现在就上下跳跳，哈罗德。要不我们找五十只企鹅同时蹦一蹦。发生什么了吗？嗯？"

"你的观察很引人注意，哈罗德。但也可以从四个完全不同的角度解读嘛。你看，如果假设……"

部分企鹅什么都没说，但他们待哈罗德不同于往常了。他们对哈罗德的态度变得很隐晦，但弗雷德能看出来，那种转变绝非好转。

弗雷德感到自己无比孤独。

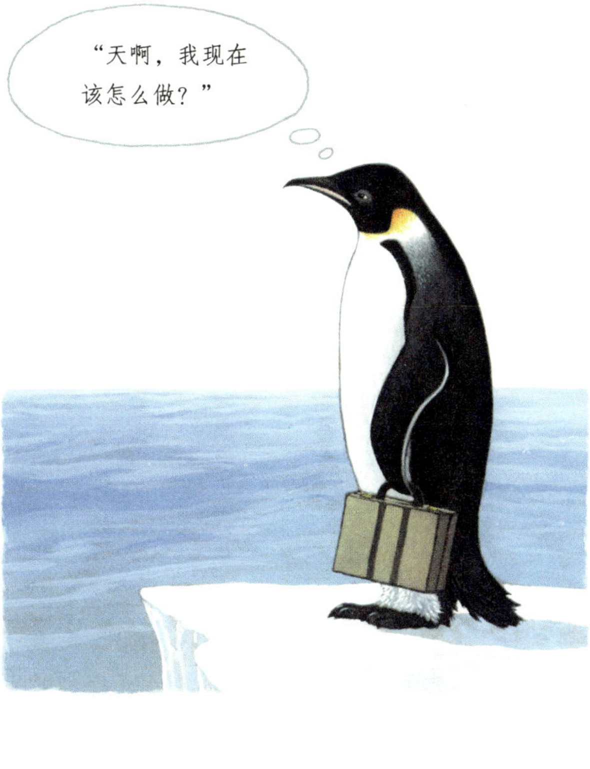
“天啊，我现在
该怎么做？”

CHAPTER 3

我现在该怎么做?

"我需要你的协助,"她对弗雷德
说,"我要你做好让其他人意识到这个
问题的准备。"短暂停顿后,她补充了
句:"做好心理准备,部分企鹅并不愿
意发现问题。"

企鹅王国有个领导人议会，也叫"十人集团"，由企鹅王主持工作。（青少年对该集团另有别称，不过那是另一回事了。）

艾丽斯是十位首脑之一。她强硬而务实，有着能成事的名声。比起她少数冷漠无情的同僚而言，艾丽斯还是比较接地气的。实际上，这些首脑统统冷漠无情，只是大部分不表现出来罢了。

弗雷德认为艾丽斯更有望接受他的故事。于是他去拜访了她。艾丽斯就是艾丽斯，他甚至无需预约会面。

弗雷德告诉艾丽斯他的观察和结论。她听得很认真，尽管老实说，她心里其实在怀疑弗雷德是不是遭遇了什么个人危机。和妻子不睦？吃了太多含汞量超标的鱿鱼？

不过，艾丽斯就是艾丽斯，她没有无视弗雷德。她反而将信将疑地表示："带我去最能说明问题那儿看看吧。"

那儿并不是冰山表层，表层难以看到融化的迹象与影响，只有冰山之下的深海才能见到。弗雷德就此向艾丽斯做了番说明。算不得耐心的艾丽斯听后，只说道："好好好，我们走吧。"

企鹅入水后比较危险，因为潜伏于水下的海豹和虎鲸都等着猎食大意入水的企鹅。抛去更多枯燥的数据分析，我们就告诉你一个简单粗暴的事实好了：没有谁想要被虎鲸或是海豹抓住，所以弗雷德和艾丽斯入水后，本能地警觉起来。

在水下，弗雷德给艾丽斯指明冰山融化造成的裂隙与其他恶化的迹象。艾丽斯很讶异，自己居然从未发现这些迹象。

艾丽斯继续跟随弗雷德钻入冰山边缘一处大孔，穿过一条数米宽的通道后，他们游进冰山的心脏位置，最终抵达一处灌了水的空穴前。

艾丽斯极力表现出一副全然知悉所见所闻的模样。而事实上，她的专长是领导，而非冰山科学。弗雷德读出她表情的复杂，于是回到冰山表面后，他做了解释说明。

长话短说——

冰山不同于冰块。冰山内部有称之为水道的裂缝。水道通往更大的空间，称作冰穴。如果冰山消融够多，那么融水涌入裂缝，并通过裂缝灌入水道与冰穴中。

在寒冷的冬季，狭窄水道内的水会迅速结冰，就此将水锁在冰穴之中。但随着温度越来越低，冰穴里的水也会冻结。而液体凝固导致体积急剧膨胀，冰山可能会因此破裂坍塌。

数分钟后，艾丽斯理解弗雷德的担忧了。那么这个问题究竟多严重呢……

反正绝非好事。

艾丽斯大为震惊，尽管她脸上并未表露一丝。她向弗雷德抛出一个又一个问题。

"我要思考一下刚看到的一切，"她告诉弗雷德，"然后我会尽快找几位领导沟通一下这个问题。"她的心思已经飘到别处去了。

"我需要你的协助，"她对弗雷德说，"我要你做好让其他人意识到这个问题的准备。"短暂停顿后，她补充了句："做好心理准备，部分企鹅并不愿意发现问题。"

艾丽斯就此别过弗雷德。弗雷德顿感喜忧参半。

喜在：他不再是唯一预见灾难的企鹅。他也不再是唯一备感急需采取措施的企鹅。

忧在：他还没找到任何解决方案。而且，对于艾丽斯那句"做好心理准备"与"部分企鹅并不愿意发现问题"，他感到不适。

只剩两个月，可怕的南极洲之冬就要到来。

4

CHAPTER

问题？什么问题？

弗雷德整理了下思绪，鼓足勇气，开始讲述自己的发现。他先是阐述了自己的研究方法，然后描述了自己发现冰山融化导致冰道变宽、冰穴灌水的过程。

接下来的几天中，艾丽斯召集了所有集团领导，包括企鹅王路易斯。她邀请所有领导同她再走一遭那天的路线。大部分领导都听进去了，不过仍狐疑不决。艾丽斯怕是出现了什么个人危机，难道是婚姻危机？！

他们对艾丽斯关于潜入深海洞穴的提议并未表现出任何兴致。甚至还有几名领导没有时间参会，并表示自己忙于要事——一只吵吵嚷嚷的企鹅向他们控诉另一只企鹅老在他背后扮鬼脸（听起来是有些诡异，毕竟企鹅哪儿能扮鬼脸呢）。

　　他们还在争辩每月的例会应该延长到两个小时还是两个半小时，有人发言拖泥带水，有人则干脆利落，因而会议时长引发了热烈的讨论。

　　艾丽斯向企鹅王路易斯提出请求，让弗雷德列席下次首脑例会，陈述并捍卫自己的发现。"听你跟我提起关于弗雷德的事后，我自然十分乐意听听他的想法。"企鹅王给出了外交辞令般的答复。

　　然而，路易斯并未安排时间让弗雷德发言，毕竟弗雷德相对而言算是无名之辈，此前可从未在集团首脑面前发过言。不过艾丽斯很执着，其间不断暗示她的上司路易斯，冒险有时候是必要的，"而你向来如此富于冒险精神"。这话多少有真实的成分，路易斯听后很是受用（尽管她的动机再明显不过了）。

就这样，企鹅王同意邀请弗雷德参会，艾丽斯照办。

作为向首脑们汇报的准备，弗雷德构思了一篇发言稿，稿子列举数据说明家园缩水、水道消融、冰穴灌满了水、明显因融冰而产生的缝隙等情况。不过，当他向王国中几位长老打听关于十人集团的情况时，他才了解：

·首脑中有两名特别热衷于辩论数据的真实可靠性，此类争辩往往会长达数个小时。而这两位也正是主张加延会议时长的核心人物。

·其中有位特别嗜睡的领导，只要会上提到关于数据的长篇大论，他一定会昏昏欲睡，而后会议往往会被其鼾声打断。

·还有位对数字意见很大的领导，尽管他会试图用点头掩盖自己的不满，但不停点头又会惹恼其他领导，最终可能破坏气氛，引发争论不断。

·还有至少两位领导曾表明，自己不喜欢听人发言，发表言论是他们的特权。

思虑再三后，弗雷德采取了与原计划截然不同的方式参会。

弗雷德制作了他们所在冰山的模型，宽 4 英尺（约 1.22 米），长 5 英尺（约 1.52 米），由真正的冰雪制成。模型制作对弗雷德而言并不容易（想想他没有手掌，更没有反应灵活的拇指）。

弗雷德完成模型后，心里明白模型并不完美。但艾丽斯认为这是个十分创新的方式，而且对此非常自信，认为模型能让其他领导意识到问题所在。

会前那晚，弗雷德与几个朋友将模型搬到会议地点，不幸的是，会场恰好坐落于冰山山巅最高点。刚到半山腰，有人开始抱怨起来："我们为什么要干这事儿呀？"这还属于比较温和的抱怨了。

如果企鹅真的能发出哼唧抱怨的声音，那么这一路必是怨声载道的。

翌日晨，弗雷德抵达会场时，领导们都已围绕在模型边上了。部分还在激烈争论着，部分则一脸困惑的神情。

艾丽斯向集团领导介绍了弗雷德。

029

企鹅王路易斯主持会议，这是惯例："弗雷德，我们想听听你的发现。"弗雷德毕恭毕敬地鞠躬致意。他能感到路易斯与部分领导的开明。其他领导看上去持中立态度。对于不得不听的这个所谓的发现，极少数毫不掩饰自己的不耐烦。

弗雷德整理了下思绪，鼓足勇气，开始讲述自己的发现。他先是阐述了自己的研究方法，然后描述了自己发现冰山融化导致冰道变宽、冰穴灌水的过程。

讲述过程中，弗雷德不时用模型吸引观众的注意力，并借模型阐述自己的观点。除了一位领导，其他成员都上前凑近了观察模型。

弗雷德打开模型上端，展示出大大的冰穴，并解说了灾难性的后果如何后，全场鸦雀无声，甚至能听到一片雪花落地的声音。

弗雷德的展示结束了，全场仍旧沉默无声。

艾丽斯打开了话题："我亲眼看到了这一切，灌满水的冰穴巨大无比，十分瘆人。我还看到了其他疑似融冰导致的迹象。我们不能再坐视不管了！"

几只企鹅点了点头。

集团领导中有一只体格魁梧的年长企鹅，名叫不不。不不主管天气预报工作。他名字的来源有两种说法，一是他的曾祖父名为不不，二是他出生后发出来的第一个词语不是爸妈，而是"不，不"。

不不对预报不准的诟病已习以为常，但冰山融化的发现超出了他的底线。他有些情绪失控地吼道："我一直定期向集团汇报我对天气的观察及其对冰山的影响。正如我此前说的那样，温暖夏季中的季节性融化是正常的，到了冬季，一切都会恢复常态。他看见的那些，或者说他以为自己看见的那些，并不是新鲜事。不必担心！我们的冰山坚韧无比，绝对经得住这些小波动！"

不不一句比一句洪亮。如果企鹅会脸红，那么他的脸早就涨红了。

不不见部分企鹅开始转而支持他，他便指着弗雷德，夸张地叫嚣：

"这小子说是融化的冰雪拓宽了冰道。不，可能并不是。他说冬天冰道会冻住，水会困在大

冰洞里。不，可能并不会！他说洞里的水会冻住。不，可能并不会！他说冻住的水一定会撑大体积。不，可能他错了！而即便他所言非虚，那么我们的冰山真的有这么脆弱，洞里冻住的水就能让其四分五裂？我们怎么知道他的说法不仅仅只是——理论上的说法呢？疯狂臆断？制造恐慌？"

不不顿了顿，目光炯炯望向其他人，自以为警醒世人地挥了挥拳：

"他能保证数据结论都百分百准确吗？"

四位领导点了点头。其中一位看上去已经同不不一般愤懑。

艾丽斯默默向弗雷德投去鼓励的眼神，大意是：没事的（她知道并非没事），你能处理好的（实际上完全不确定），现在继续，冷静回答（对她自己而言都很难，因为她此刻只想放声尖叫：不不，你个蠢蛋！）。

弗雷德还是一言不发。艾丽斯又给了他一个鼓励的眼神。

弗雷德犹豫片刻，终于说道："坦白讲，不，我确实不能给你保证。不，我做不到百分百肯定。但是，一旦我们融化的冰山裂成碎片，那将是在冬天，昏天暗地的极夜来临，可怕的风暴让我们不堪一击。到时候，我们中许多许多企鹅不会因此送命吗？"

靠近弗雷德的两只企鹅露出畏惧。弗雷德便转向他们，问道："难道这事儿不会发生吗？"

眼见其他领导仍一脸狐疑，艾丽斯给了不不
一个严峻的眼神，说道："想象一下那些失去自
己孩子的父母，想象一下他们找到我们发问，'怎
么会发生这样的事？你们事先干吗去了？为什么
没有预测到这场灾难？难道你们的职责不是保护
这个王国吗！'你们会怎样回应呢？'呃，嗯，抱
歉。我们曾听说可能会有问题，但那时候的消息并非
百分百确切。'"

她顿了顿，给大家时间消化她的话。

"当他们带着难以言状的巨大苦痛站在我们
面前，我们要怎么解释呢？解释我们的确希望如
此悲剧不会发生？解释我们还未百分百确保信息
准确性之前就采取行动是不妥的？"

话音刚落，全场又是一片寂静，雪花落地的

声音清晰可闻。

在仍旧镇定威严的外表下，艾丽斯内心已经十分愤怒，她只想抬起冰雪模型向不不砸去。

企鹅王路易斯留意到集团内部的微妙气氛，开口表示："如果弗雷德是对的，那么只剩两个月就到了我们应对冬季威胁的时刻。"

一只企鹅说道："我们需要以集团部分领导为成员成立一个委员会，专门分析情势，研究可能的解决方案。"

许多企鹅点头同意。

另一只企鹅则表示："是的，不过我们必须不惜一切保证王国安好。我们的幼年子民还需要食物成长，我们要避免恐慌。所以，我们必须就此保密，直到我们找到较好的解决方案。"

艾丽斯大声清了清嗓子，然后以极其果决的语气发言："遇到问题后，成立委员会，试图在不乐观的局势下保护我们的王国，这是我们一般的做法。然而，如今我们面临的绝非一般问题。"

其他企鹅都望向她。大家脑海中都有个没有问出口的问题：她这些话的用意何在？

艾丽斯继续表示："我们务必召集紧急全员大会，尽可能说服更多的人，让大家知道这是个大问题。我们务必让更多自己的亲友站在我们这边，这样才有机会找到多数人易于接受的方案。"

通常情况下，企鹅言行举止都非常克制，尤

其是这些与会的集团领导。不过这次，部分企鹅已经完全失控，七嘴八舌议论起来。

"全员大会！！""……风险是……""……我们从未……""……恐慌……""……不，不，不……""……那我们该如何回答啊？"

场面不太好看。

"我有个主意，"弗雷德小心翼翼地提出来，"麻烦大家给我几分钟，我很快回来。"

其他企鹅一言不发。弗雷德当他们默认了——至少没有反对。

他迅速下山，找到想要的东西，再爬回山上的会场。十人集团还在争论不休，看到弗雷德拿

着个玻璃瓶回来，顿时安静下来。

"这是什么？"艾丽斯问道。

"我也不知道，"弗雷德坦言，"一个夏天，我父亲在冰山边缘找到它，它是被冲刷过来的。

看上去像冰，却不是冰制成的。"他用嘴啄了一下瓶底，继续说道："比冰坚硬很多，坐在上面，它会变得暖和，但不会融化。"

大家面面相觑，那又怎样呢?

"或许我们可以灌水进去，封住瓶口，将其置于寒风中。到了明天，我们再来检查看看这个瓶子会不会在水结冰后膨胀破裂。"

弗雷德停顿了一会儿，让大家消化一下。

他继续说："如果瓶子并未破裂，那么也许你们就不必匆忙召集全员大会。"

艾丽斯有些讶异。"有些冒险，"她暗想道，"不过这只企鹅太聪明了吧?!"

不不仍怀疑这不过是骗人的把戏，但也没看出其中的门道来，而且或许能以此阻止那些愚蠢的想法呢。

企鹅王路易斯望了一眼不不。

路易斯做出决策。现在是时候结束谈话，开始行动。他对其他企鹅说："不妨一试。"

路易斯将水灌进瓶中，用恰合尺寸的鱼骨封住瓶口。他将瓶子递给巴迪，巴迪是个寡言少语、略带孩子气的帅小伙，似乎挺讨大家喜欢与信任的。

就这样，散会了。

危急时刻，弗雷德总是出头冒险的那个，尽

管这样无疑会让他焦灼不安。那一晚,他辗转难眠。

次日,巴迪爬上山,其他企鹅都望着他。当他终于登顶抵达会场,一只企鹅问道:"如何?"

巴迪拿出瓶子。瓶子明显裂开,里面的冰已经胀大,装不下。

"我相信了。"巴迪告诉他们。

企鹅群里又议论不休了半小时。除了两只企鹅,大家都同意需要采取行动。两只企鹅之一,无疑,就是不不。"也许你们是有所发现,"他表示,"但是……"

大家有意无意地无视了他。

路易斯说:"通知其他企鹅召开全员大会的事,

但先别告诉大家会议主题。"

* * *

王国里的企鹅都很好奇召开大会的目的。不过艾丽斯确定集团领导都管住了自己的嘴——勾起大家的好奇，也留下一丝悬念。

近乎所有成年企鹅都现身会场。大部分都还在闲聊自己的日常。

"菲利克斯越来越胖了，鱼吃太多，运动太少。"

"他在哪儿得了这么多鱼吃啊？"

"啊，那说来就有意思了。"

路易斯让大家肃静，很快便将发言席交给艾

丽斯。

艾丽斯讲述了与弗雷德游到深水处，发现融冰迹象，大冰穴灌满了水的经过。弗雷德拿出模型展示，向大家解释所面临的危机。巴迪告诉大家玻璃瓶实验的结果。而路易斯，作为企鹅王，全程观察着听众的反应。他发现，企鹅群中出现了明显的态度转变。于是，他总结发言，做出需要行动的指令，尽管他尚未确定如何行动，但他相信他们一定会找到解决方案。

而后，大家都得到机会近距离观摩模型与瓶子，咨询弗雷德与艾丽斯问题，听从路易斯的更多指示，会议延长，占了大半个上午。

大家都十分震惊，即便是那些平日里只知道回答"嗯，是的，不过……"的企鹅，也大为诧异。

平日里什么都不错，岁月一片静好的自信已经没入浩渺的深海不复存在。路易斯下令将模型与瓶子置于企鹅密集的广场中心，让企鹅们能频繁地谈起这件事。他的直觉告诉自己，这样能防止企鹅们再次回到日常，淡忘危机。不过他也明白，危机感有利有害，所以他也会经常走到模型与瓶子旁，与那些担惊受怕的企鹅交谈，安抚他们。艾丽斯见其做法后，也开始效仿。对于那些知道危机重大的企鹅而言，不知如何应对必然不好过，但他们同样收获了越来越多的鼓励，越来越多的企鹅会站出来："如果我能帮上忙，只管招呼我。"

弗雷德、路易斯和艾丽斯固然并非有意为之，他们毕竟不是专业的变革人士，不过通过降低盲目自信，增强危机感，他们已经迈出了可能挽救整个王国的第一步。

CHAPTER

我独自应付不来

企鹅王说："王国需要一个牵头渡过这个难关的团队，我独自一个应付不了，但我相信我们五个会是应对这次危机的最佳团队。"

第二天早晨，不不的一位朋友滑向路易斯。企鹅能趴在冰面滑行，当然对人类而言是有些怪异。他建议，作为企鹅王，路易斯的职责就是分析问题，制订方案，向其他企鹅发出实施的指令，也就是说路易斯理应自己解决融冰危机。"这就是领导的职责所在，你是位伟大的领导，你不需要援助。"话毕，这只企鹅又滑走了。又一只企鹅则建议路易斯将这个难题交给冰雪方面的年轻专家解决。面对这项建议，路易斯耐心地解释，那些企鹅在王国内公信力很低，也没有卓著的领导才能，经验十分匮乏，部分还十分不讨喜。提建议的企鹅疑惑："所以你的打算是？"

十人集团中的两位关切起第一次融冰危机战略会议的时间。

路易斯在考虑下一步如何行动，于是召集了艾丽斯、弗雷德、巴迪，还有一只名为戈丹的企鹅在冰山僻静的西北角碰头。戈丹有"教授"之称，因其是集团首领中最贴近知识分子形象的企鹅。如果企鹅王国有大学的话，戈丹一定是拥有终身教职的企鹅。

企鹅王说："王国需要一个牵头渡过这个难关的团队，我独自一个应付不了，但我相信我们五个会是应对这次危机的最佳团队。"

艾丽斯略微点了点头，巴迪一脸茫然，弗雷德则有些吃惊，自己作为相对资历尚浅的企鹅居然也能成为一员。不过，开头表态的是教授。

"你为什么就认为我们五个能成功呢？"他问道。

路易斯点了点头，和平常一样表现出耐心的神情。艾丽斯掩盖自己的愠怒。如果她当时有块表，那她一定是盯着表，同时不住地轻轻跺脚。

"有这个问题很合理，"企鹅王说道，"看看我们五个，教授。想清楚我们即将面临的挑战。在脑中列出我们各自的强项。自己推理出结论吧。"

路易斯一般不会给出这样的答复，例外是当他同教授沟通的时候。

戈丹望向远处的地平线。如果企鹅大脑里的思绪有声音，那么大致是这样的：

·路易斯：企鹅王。经验丰厚，老到明智，富于耐心，略为保守，轻易不会慌乱。受到除了不不与青少年们之外的全体尊敬。精明（但不算智力超群之才）。

·艾丽斯：务实，有攻击性，能成事。不搞地位差别待遇，平等对待每一员。没有什么能吓倒她，所以威逼利诱对她不起作用。聪颖（但不算智力超群之才）。

·巴迪：奶油小生型。毫无野心。大多数企鹅对他青睐有加（也许你的妻子就迷他得很）。绝非智力超群之才。

·弗雷德：初出茅庐的小子。很可能同小企鹅们接触更多。具有出奇的好奇心与创造力。冷静沉稳。口才不错。资料不足，无法判断其智商。

·我本人：逻辑清晰（准确地说，是逻辑强大）。知识渊博，对有趣的问题十分着迷。不属于十分合群的企鹅，但谁会想要成为合群的企鹅而已呢？

·我们似乎都有亟须行动的迫切感。因而，如果企鹅王是 A，艾丽斯是 B，巴迪是 C，弗雷德是 D，我是 E，而迫切感是 F，那么很显然，A＋B＋C＋D＋E＋F 的确等于一个强大的团队。

教授转向路易斯说道："你的话十分合逻辑。"

巴迪一头雾水，他常感到困惑不解。他从未确切了解过教授，不过他信赖路易斯。艾丽斯的愠怒也稍稍退却，因为她再次明白，企鹅王之所以为企鹅王是有其道理的。

弗雷德无法想象教授脑子里的想法。不过同艾丽斯与路易斯一样，弗雷德感到他们目前处于正轨。同时，对于能加入企鹅领导的智库，他感到非常荣幸。

路易斯向他们娓娓道来："我同意戈丹的话。不过……如果有人对于大家一起共事这件事持有异见，或是公务缠身，分身乏术，尽管说出来。我这里不是命令大家必须参与。"

巴迪眨巴眨巴双眼。（这回可一点儿也不茫然了！）你能看见教授的大脑正在运算分析。而艾丽斯轻轻点了点头。

"我加入。"她说道。短暂运算一会儿后，教授也点了头。而后巴迪也点头同意，最后弗雷德表态同意。

后来那一整天，他们都待在一起。刚开始的讨论比较困难：

"我在想我们的家园每年融化的比例是多少，"教授一度纠结于这个问题，"我曾读过一本书，说一只名为弗莱德明奇的企鹅提出一种理论……"

艾丽斯响亮地咳了两下。她坚定地望向路易斯，说道："也许我们应该把重点放在明天要做什么上来。"

巴迪则弱弱回应："我相信弗莱德明奇先生一定是只非常友善的企鹅。"

教授点点头，对于有人响应他的话感到欣慰，尽管只有巴迪一个而已。

路易斯重掌讨论的方向："我想大家闭眼休息一会儿比较好。"就在教授准备质疑闭眼与讨论的相关性之前，企鹅王抢先表示："别问原因。接受我这只老企鹅的建议吧。只需要一分钟而已。"

于是大家一只接着一只，都开始闭目养神。

路易斯说："闭眼后，大家指一指东方。"片刻的犹豫后，所有企鹅都伸翅指了指。"现在睁开眼。"路易斯发出指令。

巴迪、教授、弗雷德、艾丽斯所指的方向各异。巴迪甚至有些往上指向天空的意思。

艾丽斯叹了口气，已经意识到问题所在。教授也表示："呃，是这样啊，真精彩。"弗雷德则弱弱地点点头。

教授发言："看到了吧，对于我们而言，要发挥出 1+1>2 的效应，必须是团队成员都站在同一个集体考虑，有同样的追求、同样的视角。但是我们对于路易斯的回应都是以个体为主的，明显我们彼此对于东方的认知都不尽相同。他没有说我们不能合作，也没说我们不能互相交流或是触碰。看到了吧，弗洛普波顿的团队理论就……"

企鹅王抬翅示意，打断了这番演讲，说道："有谁想来点鱿鱼午餐吗？"这句话彻底击败了肥胖的教授，他的胃早就咕噜咕噜，攻占了头脑。巴迪也附和："好主意。"

企鹅酷爱鱿鱼。鱿鱼又称枪乌贼，乌贼有的体型庞大，如同公共汽车，好比《海底两万里》里的巨型乌贼，有的则小如老鼠。不过企鹅尤为青睐的是小型的枪乌贼，即狡黠的小黑乌贼——鱿鱼。鱿鱼会朝其猎食者喷射出类似墨汁的液体，然后以此掩护出逃。如果单对单，鱿鱼能轻易获胜逃生。许多年前，企鹅发现这个难题，并由此找到解决方案：对鱿鱼采取集体猎食的策略。

路易斯率先跳入海中，其他企鹅紧随其后。尽管企鹅在陆面行走笨拙，看上去有点卓别林的味道，但在水下，企鹅游泳技术高超，姿态优雅。他们能潜入水下三分之一英里（约0.48公里）的深度，并在水下最长能待到二十分钟，其游动技巧甚至不逊于百万豪车保时捷。不过……即便拥有再高超的能力，个体还是无法轻易捕捉到一条鱿鱼。

他们遇见的第一只鱿鱼就逃脱了。不过，很快，他们学会了更好地团队协作，行动一致，围剿猎物。终于，他们收获了足够五只企鹅的食物，即便是大腹便便的教授也能饱腹。

美餐一顿后，路易斯让大家交谈起来，但话题总是避开冰山融化或是下一步计划。他聚焦的话题反而是生活、爱人、希望与梦想。他们谈论了几个小时，在那样的情形下，显得比较反常，因为他们甚少谈及问题与危机，更多讨论抱负与机遇。

教授不愿毫无框架、毫无章法地谈论生活。于是他一直保持沉默，同时大脑默默地运转分析着。冰山在融化，是弗雷德发现的，但要让满足现状的大众信服很难，于是他先找到艾丽斯，向

她展示了问题所在，又制作了冰雪模型，做了玻璃瓶实验，召集了全体大会，大家开始有了危机感。路易斯挑选了强大的团队牵头负责，有意思的组合，路易斯的召集方式并非指派，而是以寻求帮助的态度。他将几个个体组成以鱿鱼与交谈构建起来的团体。现在这个团体正莫名地谈论起未来的可能与梦想！

这一切听起来是那么奇怪，但也让人振奋。

第二天早上，路易斯再次召集大家在一起。他倒是希望自己能有一个月，让五只企鹅成为亲密无间的团队。但他没有一个月的时间了。于是，他尽了自己最大的努力，两天内已经比之前的各指各方向的散沙好多了。在迈出关键这一步上，路易斯取得了很大的胜利，他团结了一支牵头必要变革的队伍。

6
CHAPTER

海 鸥

海鸥始终与他们保持一定距离，但并未飞走。终于他开了口："我是侦察兵，我飞在队伍前方，为我们族群寻找可能适合生活的地方。"

急性子艾丽斯建议向王国内的其他企鹅集思广益，快速寻求融冰危机的解决方案："我们需要更多聪明的头脑帮助我们。"企鹅王不确定这是否是最佳计划，教授则认为完全没必要："什么聪明的头脑？"不过一番激烈讨论后，艾丽斯还是占了上风。

一只企鹅颇有些得克萨斯州石油钻井工人的风貌，他建议从地面钻洞到冰穴中，放出里面的水，缓解水压。这个法子或许无法解决融冰的问题，却有可能防止他们的家园在即将到来的寒冬崩塌。

钻洞引水的方案也得到短暂的讨论，直到教授指出，即便是 268 只企鹅总动员，日夜不休地凿冰，也需要 5.2 年才能抵达冰穴的深度。

另一只企鹅则建议另觅完美冰山。没有融冰问题、没有冰雪、没有裂隙……可以千秋万代高枕无忧的新冰山。恐怕还要再成立个寻找完美冰山委员会？幸运的是，艾丽斯并未在场听到这番言论。

还有个解决方案：设法举国迁往南极洲中心更坚固的冰山上。显然他们对南极洲的宽广毫无概念，南极洲是美国的 1.5 倍！不过一只过胖的企鹅还是表达了自己的顾虑："那样的话我们是不是要游很久？我吃什么呢？"

一只企鹅领导则提议以其天敌虎鲸的鲸脂研

发出超级胶水，再用其死死封住冰山缝隙。据他所言，这个方案虽然不能解决融冰问题，但能解决眼下的困难。

显然，他们有些慌不择路了。

一只颇有威望的老领导企鹅走出来，提出新的思路："也许大家应该学学弗雷德。四处走走，认真观察，思路开阔一些。抱有好奇心。"企鹅王也意识到新思路的必要，同意道："不妨一试。"于是他们出发了。

他们朝着西方走。一路上，他们看见了美丽的雪墙，遇见许多家庭的生活，也听到一些关于融冰与食物的茶余饭后。他们会倾听企鹅平民的话，缓解他们的焦虑。

海 鸥

又走了一小时左右，弗雷德一如往常充满敬意地说："看上方。"

弗雷德看到一只海鸥。通常情况下，南极洲是见不着海鸥的，所以企鹅们惊奇地注视着上空。一只小小的、白白的、会飞的企鹅？恐怕不是。

"有趣，"教授发表见解了，"我正好有个动物会飞的理论。你看啊——"在他继续下文前，艾丽斯拍拍他的肩膀。先前两天的相处后，他明白艾丽斯拍肩的潜台词是"你很厉害，教授，但现在请闭嘴"，于是他不再吱声。

"那是什么？"巴迪问道。

"我不知道，"弗雷德说，"不过企鹅是永远不会飞的。它肯定在地面有家，不过这里太冷了，

应该不是这里。"

他们一致赞同。如果海鸥要同他们在一起生活，那不出一周，必定会冻成石头。

弗雷德继续："我猜它应该是迷路了，不过看起来它并不害怕。或许从一处迁徙到另一处正是它的生存方式呢？或许它就是在……"

弗雷德说了一个企鹅语的词，对应我们所说的"流浪"概念。

艾丽斯说："你不会是想说……"

企鹅王则表示："我也在想。"

教授则评价："有意思。"

巴迪问：“抱歉，你们之前说的是什么？”

企鹅王简要地答道：“我们在思考一种全新的、截然不同的生活方式。”

他们讨论了几个小时，又几个小时。如果我们……但是那么……我们会怎么样……不，你看啊……是的，不过我们可以……为什么不？……或者只是……

巴迪问道：“所以我们接下来怎么做？”

企鹅王说：“我们要好好思考一下这个问题。”

艾丽斯说：“我们得抓紧时间了。”

教授说：“不过思考的质量可比速度重要。”

艾丽斯继续说道："管不了那么多了！首先，我们得立马了解一下那只飞鸟的情况。"

企鹅王赞同。教授则去找了个可以写字记录的东西。而后，他们全体出发寻找海鸥。

弗雷德有点人类大侦探福尔摩斯的本事，半小时内，他们找到了海鸥。

艾丽斯对巴迪耳语："跟那只鸟打个招呼。"

巴迪用其与生俱来的温柔嗓音说道："嗨，这是艾丽斯。"他指向艾丽斯，接着继续介绍，"这是路易斯，弗雷德，教授。我是巴迪。"

海鸥只是盯着他们一言不发。

"你从哪里来？"巴迪发问，"你在这儿找

什么呢？"

海鸥始终与他们保持一定距离，但并未飞走。终于他开了口："我是侦察兵，我飞在队伍前方，为我们族群寻找可能适合生活的地方。"

教授开始发问，他问了很多有价值的问题，尽管时不时也会离题万里（不过总有人能把他拉回来，至于那个人是谁，你懂的）。

作为解答，海鸥告诉企鹅自己族群的迁徙生活。他说了他们以什么为食（老实说，在企鹅们听来，海鸥似乎就没有什么不吃的）。他还提到当一名侦察兵是怎样的体验。不过很快他冻得发青，说话都困难，终于他道别飞走了。

教授与巴迪都认为，适合海鸥的未必适合企

鹅。"我们不一样啊。""他们会飞。""我们吃的是新鲜的美味的鱼。""而他们似乎吃的是，呃……真恶心。"

"当然我们不一样，"艾丽斯的语气比平常都要官方，"也就是说我们不能单纯地模仿他们。不过这个主意还是很有意思的。我都能想象到我们可能的生活方式。我们会四处游走，不再永远待在一个地方。我们不必再费劲修补融化的冰山。我们会更加直面现状，了解到即便我们当下衣食无忧，也不代表我们将永远衣食无忧。"

教授发出成堆的疑问。路易斯说得很少，但对于这场讨论以及它的意义，他思考良多。

艾丽斯说："我在想，为什么当我们意识到冰山在融化的时候，没有人立马想到这个主意呢？"

教授说:"肯定有谁想到了。这很……合逻辑。"

教授把头转向右面,他看到的画面是这样的(见第79页图)。

"嗯,"教授心想,"也许不尽然。"

企鹅王说:"以目前的方式生活如此长的时间后,又怎能轻易想象另一种新生活呢?"

教授意识到没谁提出关于冰山融化的牢靠理论基础,而他一直认为,冰山融化与退化是长期以来的缓慢进程。但如果那些都不是真实的呢?

如果是什么事物突然引发的危机呢?那可能是什么事物呢?他是不是应该敦促同类多花时间,更加系统地思考冰山危机呢?然而时间已经十分有限。

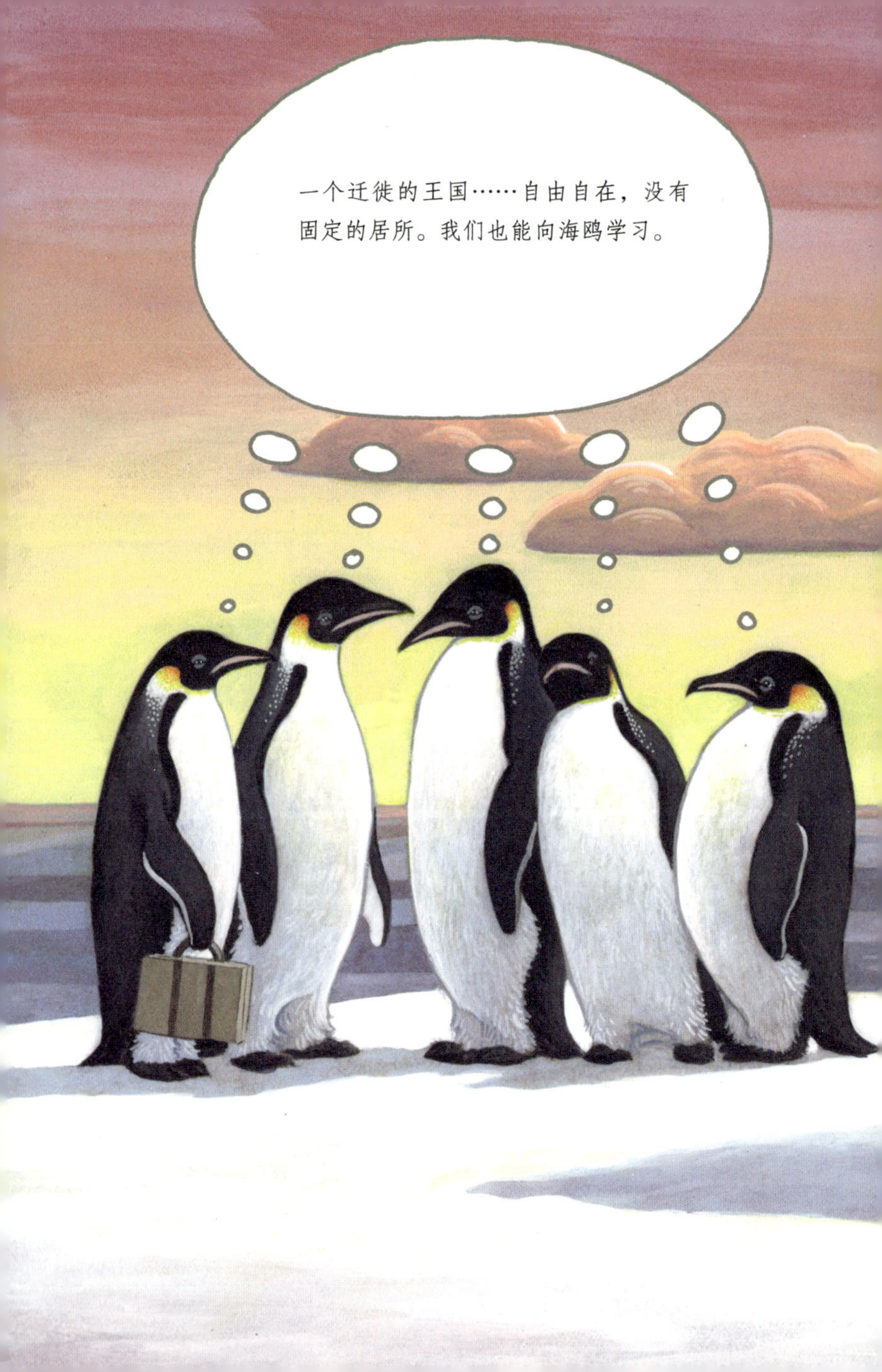
一个迁徙的王国……自由自在，没有固定的居所。我们也能向海鸥学习。

没有答案的疑问大大扰乱了教授的思路。不过那晚，他在这样的情况下，仍旧睡得出奇的好。他相信这个团队能成功开创新未来的视野，而那个新未来似乎已经可以预见。他甚至能预见他们如何开创那个新未来。路易斯、艾丽斯、弗雷德、巴迪也这样想，他感到莫名的慰藉。

把消息传出去

"我希望大家现在听听巴迪的话，"路易斯又停顿了一段时间，接着说道，"他将和大家分享一个让人思考新生活的故事。"

次日中午，路易斯召集了全员大会。正如你所料，几乎所有企鹅都参会了，看来那些饥肠辘辘的海豹又少了一顿午餐。

能量满满的教授用整个上午的时间为路易斯准备了 97 张幻灯片，用以展示他们的设想。企鹅王过目后，认为很精彩，将其转给巴迪看。对着教授的成果研究一番后，巴迪终于说道："抱歉，我有点不明白。"路易斯问他哪儿不明白。巴迪答第二张幻灯片。艾丽斯闭上双眼，开始深呼吸。

　　企鹅王又看了一遍教授的杰作，完成得非常不错。不过，路易斯也在顾虑，要向整个王国传递这个信息会不会特别困难，要知道那些企鹅要么焦躁不安，要么忧心忡忡，要么是怀疑论者，要么传统守旧，要么缺乏想象力。

　　路易斯决定另辟蹊径，尽管很冒险。他也不爱冒险，但这次……

　　路易斯做开场白："企鹅同仁们，我们面临这个挑战的时候——我们终将面临这个挑战的时候，记住我们的本质认同比什么都重要。"

　　台下观众一脸茫然望着他。

　　"告诉我，我们企鹅是不是互相特别尊重？"

一阵沉默后，有企鹅答道："当然了。"其他企鹅也附和道："是的。"

观众席中的不不正费力要搞明白这是在上演什么戏码。现在还不甚明朗，这让不不有些不悦。

路易斯继续说道："那我们是否非常讲纪律？""是的。"十来只企鹅长者答道。

"那么我们是否也有强烈的责任感呢？"这点毋庸置疑，世世代代都是如此。

"是的。"这回回答的企鹅多了起来。

"最重要的是，我们是否情同手足，呵护下一代？"

一声洪亮的"是的！"响起。

企鹅王顿了顿，继续问："那么告诉我……我们的这些价值信仰是否都完全依存于一块大冰山？"

部分不那么机敏的企鹅正准备循着点头的惯性，再次回答是的，艾丽斯抢先喊出："不是。"而教授、弗雷德与几只年轻的企鹅很快附和艾丽斯。而后，许多企鹅都开始念叨着"不，不，不"。

"不是的。"路易斯肯定道。

企鹅们都直立不动，注视着企鹅王。部分企鹅甚至并未预料到企鹅王竟能说出如此强有力又如此感性的话。

"我希望大家现在听听巴迪的话，"路易斯又停顿了一段时间，接着说道，"他将和大家分享一个让人思考新生活的故事。"

就此，巴迪开始讲述海鸥的故事："他是他们族群的侦察兵。他为身后的王国探路，寻觅到合适的栖息地，再告知其族群前来。想象一下，他们是自由的！他们能去任何自己想去的地方。知道吗，在许多许多年前，他们……"

巴迪讲述了海鸥族群的历史，如今其生活方式，以及他所遇见那只海鸥的故事。巴迪或许自己并不知道，他是个极佳的故事讲述者。

讲述完毕后，企鹅群中冒出很多问题。部分反应迟缓的企鹅还在费解会飞的动物是什么概念；部分还想打破砂锅了解所有细节。还有许多不甚相关的探讨，论及"自由"，论及迁徙的生活方式。而机灵一点的企鹅不等细节明了，就已经预见故事中的生活方式。

路易斯给大家时间议论了一阵。然后，他大声清了清嗓子，示意大家安静。全场安静下来后，他信心满满地告诉大家："这座冰山并非我们的本质认同，只是我们现在居住的地方。我们比海鸥更为聪明、更为强壮、更为强大。所以我们为什么不能做他们所做的事，比他们做得更好呢？我们不是靠这座冰山连接起来的。让我们抛下这座冰山，让它融化至小鱼大小，让它崩塌碎裂为千万碎片。我们会找到更安全的住所……更好的住所！必要的时候，我们还可以搬回来。我们再也不会让自己的家人面临今日的可怕危机。我们一定会胜利！"

不不的血压已经飙升至240/160。

会议尾声，如果仔细观察大家的双眼，你很可能发现：

· 百分之三十的企鹅理解了新的生活方式，相信这个计划的前景，此前的焦虑得以缓解。其中三分之一的企鹅已经显露出愿为实现这一愿景赴汤蹈火的决心。

· 百分之三十的企鹅还在消化自己的所见所闻。

· 百分之二十仍十分困惑不解。

· 百分之十仍存疑虑，不过并无抵触。

· 百分之十则同不不一样，坚信这一切都是无稽之谈。

企鹅王心想："差不多可以了。"于是就此宣布散会。

艾丽斯拽了拽弗雷德、巴迪、教授，并说："跟我走。"他们很默契，跟着艾丽斯走了。

她快速阐明了自己的最新想法：想一些标语口号，制成"冰报"公示出来。"我们要提醒大家今日的见闻，要给大家每时每刻的提醒。早上的会很简短，部分企鹅还未参会。会上的信息有些激进。我们需要与大家进一步加强沟通——随时随地地沟通。"

巴迪高声问道："太多宣传会不会引发我们部分朋友的不适呢？"艾丽斯则回道："在招惹少部分与覆灭我们王国的融冰危机面前，我宁愿选择惹怒少数人。"话已至此……

他们开始制作冰报，起初还是有些挫折。

不过很快他们得到一些帮助，那是部分比弗雷德还要年轻的企鹅，他们极富创造力，他们几乎全体都是一听到消息就毫不犹豫伸出援手，在他们的协助下，写宣传标语的工作很快就变得得心应手。

他们写了一周，每天至少有两只企鹅提出新标语，将其写在冰报上，在王国内四处张贴。终于他们没有更多可供张贴的空间，有企鹅便建议他们往水下的捕鱼胜地去。听起来有些奇怪，但（1）企鹅在水下也能看得很清楚；（2）水下还没有一张冰报；（3）企鹅捕鱼时会聚精会神四处观察，即便是看到冰报会厌烦也无妨，总归是让他们看见了。

巴迪找到一些朋友，让他们参与圆桌谈话，路易斯、艾丽斯或者弗雷德主持谈话，大家可以一起畅谈迁徙的事儿。"我也能主持一两组谈话。"教授表示。巴迪有些尴尬，但不好意思回绝。好在艾丽斯挺身而出为他回绝了："戈丹，你的演讲确实很棒，不过和我们的圆桌谈话形式不尽相同。我们需要让他们说话。想想吧。"教授确实思考了下，尽管多少有些受挫，一两秒后，他还是坦言："有道理。"

那天大会上路易斯发表的"我们不属于冰山"的讲话、巴迪讲述的海鸥故事，加之四处纷飞的冰报宣传与圆桌谈话的开展，他们达到了预期效果。尽管并非全体，但许多企鹅理解并接受了下一步计划。自我满足、担惊受怕、茫然失措的氛围也得以削弱。至少在部分企鹅心中，他们已经把起先的这个致命威胁视作未来的机遇。乐观主义与期待兴奋的情绪渐涨。

　　关于迁徙生活、全新未来的畅谈在很大程度上取得了成功。

　　企鹅王国又向前迈进了一步，这一点你从他们脸上就能看出来。

8

CHAPTER

好消息，坏消息

起先，好消息的影响盖过了坏消息。但很快，不不的谣言、孩子们的惶恐不安、家长的焦虑愤懑、集团内部的明争暗斗、中层企鹅的充耳不闻、侦察兵的过冬问题……愈演愈烈。

———— 四十只企鹅开始分组行动，策划侦察
———— 兵的选拔工作，制订寻找新冰山的路
线图，筹备举国迁徙的后勤方案。路易斯持谨慎
的乐观态度，尤其当他看见这么多企鹅如此积极
主动投身于协助工作。

接下来的一周有好消息，也有坏消息。

好消息：尽管部分企鹅仍处于焦躁不安的情
绪中，但策划团队核心成员的热情日益高涨。

总体乐观的消息：近乎二十来只企鹅表现出

对成为侦察兵的兴趣，愿承担探路新家的职责。不幸的是，首先，他们大多是青少年，想成为侦察兵的兴趣更多源自于从平淡的生活中找点刺激，并非一定想要寻到新冰山，毕竟在企鹅王国可没有电子游戏与运动名牌。

不算太好的消息：不不和他几个同伙四处散布风暴的谣言，许多企鹅都不搭理他们，但并不是所有企鹅都如此。一些中层企鹅肩负着维护王国日常秩序的职责，但他们对不不"这些问题会引发混乱"的大呼小叫充耳不闻。

奇怪的消息：小部分小企鹅开始做噩梦。艾丽斯对此进行调查，发现幼儿园老师开始给小企鹅讲恐怖故事，说的都是鬼魅虎鲸追杀小企鹅的故事。小企鹅的噩梦引发家长们怨声载道，其中包括部分志愿成为侦察兵的企鹅家长。为什么向来和蔼可亲的幼儿园老师要这样做呢？

毫不奇怪，却绝无用处的消息：部分集团领导开始考虑侦察兵需要一个牵头人，于是他们开始为侦察兵的牵头人四处游说，引发集团内部的不满。

最后，还有……

糟糕透顶的消息：企鹅需要囤积过冬的食物。有企鹅则提出，探索辽阔海域的任务艰巨，这样一来侦察兵们便没有时间捕鱼。这一问题十分严峻，因为王国长期以来的传统如此，企鹅与子女分享食物，也只与自己的子女分享食物。没有哪个成年企鹅会为其他成年企鹅捕猎。传统便是如此。

好消息，坏消息

　　起先，好消息的影响盖过了坏消息。但很快，不不的谣言、孩子们的惶恐不安、家长的焦虑愤懑、集团内部的明争暗斗、中层企鹅的充耳不闻、侦察兵的过冬问题……愈演愈烈。

　　不不及其同伙看到出现问题，不禁幸灾乐祸起来，如果他们再加把劲儿……

＊　＊　＊

　　阿曼达是策划团队中最积极奋进的企鹅之一。她相信新的迁徙生活，她为了实现新生活，每天工作十四小时。然而她丈夫听信了不不的谣言，马上要求她停下手头的工作。接下来是漫长而艰难的谈话沟通。她孩子的噩梦也越来越严重，她每晚一半的时间都在照顾小孩。而后她又听说了侦察兵过冬的问题，她心中的焦虑盖过了最初的兴奋。感到无力的她开始缺席策划会议。

事实上，并非只有阿曼达遇到了这样的问题。

那一周的周四，另外三只企鹅也缺席了。到了周五，缺席的企鹅数达到八只。周六，更是直达十五只。

筹备会议的核心企鹅发现缺席的问题，试图通过强调现状遏制流失率。"冰山在融化，变革很迫切，未来很美好，到了采取行动的时候了。"这句话的道理很明确，然而并未对不断激增的缺席率产生任何影响。

* * *

艾丽斯看见越来越多积极的企鹅在危如累卵的障碍面前受挫不已。她告诉路易斯："我们必须出面解决这个问题，而且行动要快。"路易斯表示赞同。

巴迪、弗雷德、教授、路易斯、艾丽斯在一起分析了当下的形势，明确了需要采取的措施，通过了各自的分工。如此迅速达成一致就算不是惊慌的表现，那也差不远了。

就在他们开会商议的同时，不不仍在四处活动。

"天神发怒了，"他一遍遍告诉群众，"天神会派遣一只巨型虎鲸吃光我们的鱼。巨鲸的血盆大口能粉碎我们的冰山，吞噬我们的孩子。它会掀起500英尺（约152.4米）高的巨浪。我们必须立马停止关于迁徙的胡话。"

路易斯把不不拽到一边，诚恳地告诉他，往后的天气预报将会更为重要，他们需要使用更为科学的手段预测天气。

不不心怀戒备地听着。

"所以说，"路易斯说，"我邀请教授来协助我们预测天气。"

不不愤而转身就要走，才发现教授已经站在他身后。

"你读过西姆里希关于冰山创伤的文章吗？"教授开始发问，"我印象中是发表于二十世纪六十年代末。"不不一跑，教授就追上去。

无论不不跑到哪里……

对于侦察兵牵头人的问题，路易斯则采取了十分直接的方法。

沟通过程粗暴而简单，他告诉他们："够了！"

艾丽斯想给那些和不不没有区别的中层企鹅重重一击，以示警醒，还要揪出那些背后从中作梗的企鹅。不过，思虑再三后，她采取了另一个策略。下一次的中层例会上，针对寻找新冰山的迫切性与危机感简要发言后，她点名让三只企鹅站在她身边。她向全体解释，她得知这三只企鹅在解决融冰危机上兢兢业业，不辞辛劳，是最为积极勤奋的三只。她同三只企鹅握鳍，向他们致以谢意与赞扬。这次例会显然对于以不不为核心的同盟毫无影响，却明显地促进了大部分中层的反思。

巴迪向路易斯、弗雷德、艾丽斯与教授提出，自己想领下与幼儿园老师沟通的任务。提议一出便得到大家的赞赏，连教授也赞同他的想法，教授甚至还纳闷巴迪怎么会想到如此聪明的计划。

就这样，人气企鹅找到幼儿园老师沟通。没有任何防备，她便倾吐了自己的忧虑，也正是自己的忧虑让她开始给孩子们讲恐怖故事。

"如果一切都变了，"她近乎啜泣地哭诉道，"那么王国也许不再需要幼儿园。也许，也许……不再需要我这个跟不上时代的老教师了。"

她非常沮丧。巴迪又是十分富有同情心的人。当她说完了，他便安慰道："不会的，不断变化中的世界更需要小企鹅学习知识。幼儿园会变得更加重要。"

她慢慢平复了心情，巴迪继续告诉她系列变革后，学校教育的重要性。

"我对此非常有信心，"他十分恳切地总结，"你一定会帮助他们学习所需，你是一名出色的老师，如果你需要适应环境，那么我也相信你能做到的，因为你是如此关心这些小家伙。"

他很会抚慰人心，他耐心又真诚地一遍遍反复传递自己的信息，大大打消了她心中的顾虑，她心情好多了，甚至想亲吻他。

实在是感人至深的一幕呀。

路易斯、艾丽斯、教授、巴迪以及弗雷德的其他行动取得了立竿见影的效果。

不不不再散布谣言（当然他心里还是很想这样做），因为无论他逃到哪里，教授都紧随其后，一路说个不停。

"六个变量的衰减说明……"

"如果你要一直跟着我，"不不大喊道，"我就……"

"好的，好的。现在注意这一点，这个衰减啊……"

"啊啊啊啊啊啊……"

* * *

同巴迪沟通后，幼儿园老师召集小朋友在一起，给他们讲了危难之中救死扶伤的英雄传说，

111

她还找到很多好故事，声情并茂地讲给孩子们听。

她还告诉孩子们，现在王国面临着新的危机，需要英雄的帮助，而他们中每一个人，哪怕是最年幼的小孩都能帮上忙。孩子们对此很是欢喜。

就从那一晚起，大部分孩子都不再做噩梦。

另一方面，核心策划小组的活跃成员曾一度从三十五跌至十八只。而现在，随着障碍为之清理，感到沮丧无力的企鹅越来越少，活跃成员的数量出现回升。

路易斯经过计算认为，他们需要至少五十只企鹅通力合作才能速战速决。目前还未达到五十，不过至少现在一切又回到了正确的轨道上。

* * *

　　萨莉·安还是名幼儿园小朋友。她脑子里装满了英雄救国的新故事。摇摆在放学回家路上的安遇见艾丽斯。和那些不知所措的小家伙一样，她走到这位重要企鹅面前，问道："抱歉打扰，请问我怎样才能成为英雄呢？"艾丽斯停下来看着她，平日里她满脑子都是融冰危机、王国上下的士气、侦察兵的过冬问题，从未听过这样的问题。这只小企鹅又问了一遍。艾丽斯没有说"回家找你妈妈去吧"，而是告诉她："如果你告诉爸爸妈妈，企鹅王国需要他们的帮助，尤其是为侦察兵捕鱼的事情，如果你能做到这件事，那么你就是一名真正的英雄啦。"

　　"就这么简单？"天真无邪的小企鹅满怀期待。

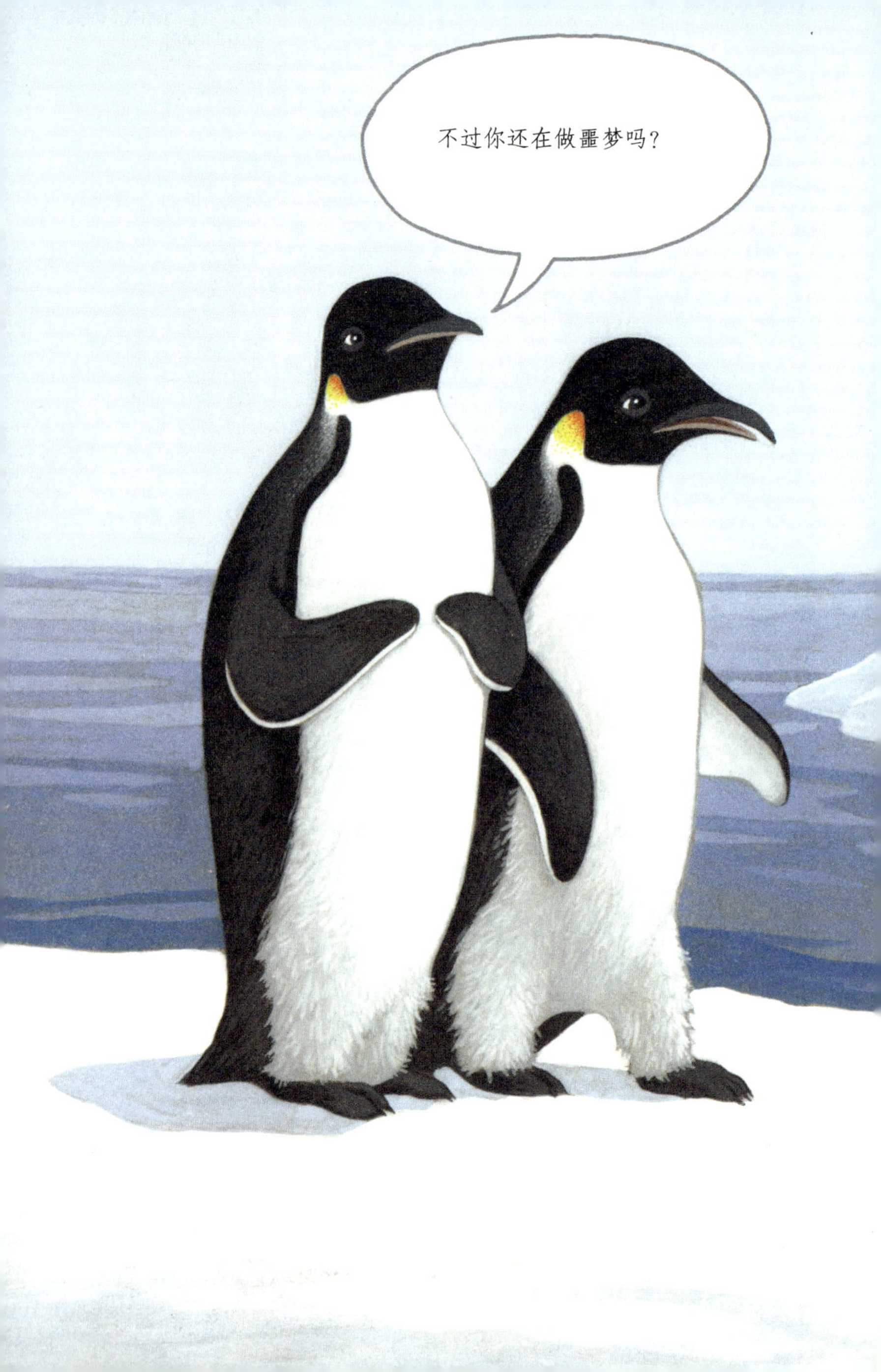
不过你还在做噩梦吗?

第二天，这只好人缘的小企鹅找来她的朋友们。几番讨论后，他们想出一个小企鹅帮助王国实现迁徙的计划。幼儿园老师取消了几节常规课程，破了几条规矩，为他们这项计划做了一些指导。那一计划名为"向我们的英雄献礼日"。

部分家长对于孩子们的活动有些紧张。打破所有界限，让举国上下，包括孩子们都得到指派，这是前所未有的大事记。不过孩子们倒是乐在其中。

CHAPTER

侦察兵

　　侦察兵们一抵达现场，便开始讲述海上的传奇故事，他们谈起游过遥远距离的过程，还有他们见到的几处新冰山。大家伙都围在他们身边津津有味地听着。

路易斯要迅速收集一切都在正轨的迹象。于是，他的下一步行动便是让弗雷德召集一支小型的骁勇精英队，他们要自愿成为第一波侦察兵，往外搜寻可能的新家园。

"王国方面要尽快看到成效，越快越好，"企鹅王嘱咐弗雷德，"我们务必不惜一切代价保护侦察兵。我们务必让每一只侦察兵都能安然无恙尽快返航。哪怕是一只企鹅迷航都会造成王国的恐慌，从而给不不之流可乘之机。记住，寻找新家园不是硬性任务，他们主要是为我们寻找未来的可能性。"

弗雷德从大群志愿者中精挑细选出一队强壮、机灵、热情高涨的侦察兵。考虑到前方不可预测的危险，所有的志愿之心都让人难以置信。

眼下，放在王国面前的最大难题是——如何在侦察兵回来之前备好足够的食物。他们一旦回来，必然需要消耗大量的鱼类，说来让人难以置信，一只企鹅一顿可以吃光二十磅的鱼肉。

不过……王国内的传统还是：（1）企鹅们与子女分享食物；（2）企鹅们只会同自己的子女分享食物。

那么谁来为侦察兵们觅食呢？

120

正当大家一筹莫展之际，小企鹅萨莉·安与她的"向我们的英雄献礼日"计划出来了。

英雄日的庆典包括抽奖、表演、乐队与跳蚤集市。而参加庆典的门票费很特别：每一只成年企鹅交两条鱼。

小企鹅们纷纷向父母介绍这个节庆。也许你能想到，部分公务繁忙的家长并未认真听小企鹅的讲解，部分对此不甚感兴趣，还有部分甚至并不知道侦察兵已经离开了冰山。不过还是有许多家长为自己的孩子感到骄傲，因为他们能在如此紧要关头想到这么棒的主意。

但是家长们多少感觉有点难为情。"不与他人分享食物，除非那是你的孩子"这条非常古老悠久而又根深蒂固的传统挥之不去。于是，小企鹅们想了一招，他们向父母申明，如果他们：（1）不参加英雄日；（2）每人不带上两条鱼作为入场费，那么他们将会感到万分丢脸。

一旦有小部分家长妥协，表示自己会带上鱼去的，其他家长很快也会照做。人类社会的面子问题在企鹅王国同样重要。

路易斯将侦察兵预期返航的日子定为英雄日。节庆从清晨到傍晚，取得了惊人的成功。游戏、乐队、抽奖以及其他的项目都让来宾乐此不疲。不过活动的高潮在尾声，企鹅们都在等待着侦察兵的到来。

不不预测有半数回不来。"早就成了鲸鱼的美餐咯，"他告诉每一个愿意听他念叨的企鹅，"那些蠢货一定会迷路的。"部分企鹅听了点头同意，就这样不不也继续念叨着。那些天是不不职业生涯中最有干劲的日子。

不同于不不的荒诞，王国中部分企鹅也感到了紧张。另外一些企鹅仍对不不的说法心存疑虑。而这一切都使得那晚更为戏剧化。

每一只侦察兵都回来了，他们一只接着一只回到了家乡，虽然少数几只看上去像是刚从鬼门关走了一遭似的，还有一只受了重伤。艾丽斯带着一队训练有素的队员照顾他们。

侦察兵们一抵达现场，便开始讲述海上的传奇故事，他们谈起游过遥远距离的过程，还有他们见到的几处新冰山。大家伙都围在他们身边津津有味地听着。

饥肠辘辘的侦察兵很快以其他企鹅带到集市的鱼美餐了一顿。即便是在狼吞虎咽之际，你也能看到弗雷德这支队伍的大部分侦察兵都兴奋不已。饱餐过后，萨莉·安与她的小伙伴们为侦察兵戴上绶带，孩子们亲手制成的绶带上坠有一块闪闪发亮的冰奖牌，上面刻着简单的一个词：英雄。

全场欢呼，侦察兵笑意盈盈（如果企鹅会笑的话）。

路易斯把促成这次节庆的小朋友叫到跟前，当着整个王国企鹅们的面，说："这就是我们王国最小的英雄。"他递给萨莉·安那个破了的玻璃瓶，那个瓶子首次在众企鹅面前亮相后已经带有传奇色彩。全场热烈鼓掌。

小企鹅流下了激动的泪水，她的父母脸上满

是自豪。艾丽斯感到自己已经很多年没有这样欢快过了。

　　大家一直畅谈到深夜，小企鹅们都已经上床睡觉后，大企鹅们仍聊到很晚。王国中许多企鹅都被侦察兵的故事震撼不已，哪怕再听一次，再听两次，都振奋不已。先前对迁徙计划心存疑虑的企鹅大部分都打消了心头的顾虑。一向对此积极的企鹅则更加热情高涨。就这样，在共同的努力下，企鹅王国又朝前迈进了重要的一步。

　　正如一只号称是 MBA 的企鹅所言，弗雷德与其侦察兵成功地创造了"短期的胜利"。这已经是一场很大的胜利。

　　不不不见踪影，似乎在侦察兵接受绶带后，他便变戏法似的消失了。

CHAPTER

第二波侦察

5月12日，就在南极洲的冬天来临前夕，企鹅们踏上了迁往新家园的旅程。这并非一趟速战速决的行程。

第二天一早，路易斯便召集了侦察兵。教授也受邀参会。

"你们发现了什么？"企鹅王问道，"有没有合适的冰山，够不够大？形状合不合适？能否在寒冬保护企鹅蛋？距离我们近不近？我们的老弱病幼是否能安全抵达？"

侦察兵说出自己的发现。教授不断提问，以期区分观点与事实。正是他这种风格让他在企鹅群中不讨喜，不过他顾不了这么多了，这种方式非常高效。

英雄日后，更多企鹅志愿加入第二波侦察兵队伍，尽管这回他们的任务更加艰巨——挑选一处合适的冰山。这回，路易斯挑选了一队人马，并亲自送行，目送他们在第一波队伍的成果之上探寻更大的希望。

王国中一度怀疑迁徙计划的企鹅现在也打消了自己的顾虑。部分企鹅仍有所保留，不过他们大多很理性，还有少数企鹅只是天性胆小罢了。

大家都不再理会不不。

艾丽斯则不懈地为大家鼓足干劲。部分集团领导则抱怨，他们实在无暇处理堆积如山的日常事务。艾丽斯则指出，集团内部半数例会都无足

轻重。"取消这些会议。"她直截了当地表示。路易斯采纳了她的建议。

不过，甚至连企鹅王都一度表示现在需要放缓脚步。但艾丽斯并不理会。

"我们很容易面临士气不振的风险，已经有部分企鹅建议我们等到下个冬天再实施迁徙计划。如果采纳了他们的建议，如果我们还存活无恙，那么他们很可能会认为现在说危机言过其实，不需要任何变革。"

言之有理。

同时，第二波侦察兵已经找到符合所有条件的冰山：

·是一处安全的家园，没有任何冰山融化或水灌冰穴的迹象。

·四周有高高的雪墙可以抵御暴风雪。

·靠近适宜捕鱼的水域。

·前往这处冰山的途中，有许多小冰山与冰原，能让老企鹅与小企鹅在迁徙途中得到休息。

胜利归来的侦察兵又自豪又激动，十分兴奋。看见他们，王国上下同样又自豪又激动，十分兴奋。

这一次，为侦察兵准备足够的食物似乎已经成为他们的日常习俗。许多企鹅贡献不少，这一切都让人振奋不已。

教授受邀以科学的方法再次测量一下新冰山

的条件。对此任务，他提不起精神来。因为他太胖了，前往新冰山路途遥远。不过，在与路易斯平心静气交谈后（与艾丽斯的交谈可不这么平淡），他终于表示，自己已经准备好随侦察兵出征。就这样，他踏上了征程。

与此同时，王国上下正忙于另一些令人欣喜的大事，比如孕育小企鹅。

5月12日，就在南极洲的冬天来临前夕，企鹅们踏上了迁往新家园的旅程。这并非一趟速战速决的行程。

途中时不时出现状况。一次，几只企鹅迷路了，引发了一阵惊慌。不过后来迷路的企鹅又回到集体中，而且大部分时候，一切都如计划般顺利。

路易斯因领导有方获得王国上下极大的崇敬。而且，更令人钦佩的是，他从未因此自满自负。

巴迪全程引导那些忧心忡忡的企鹅，给气馁的企鹅打气，安抚惊慌的企鹅，在这过程中，大概又有十来只雌企鹅爱上了他（不过那又是另外的故事了）。

一筹莫展之际，大家会让弗雷德出来展现其沉稳的创造力。

教授也很享受自己在王国中的新地位。他甚至发现，自己莫名地享受其他企鹅的崇拜，尽管他向来认为那些企鹅根本无脑。

艾丽斯每天只休息三个小时。

而不不直到最后一刻仍在散布他的谣言。

冬天过去了，王国又遇到系列问题。他们的新家完全不同，最佳的渔场也在大家不熟悉的地方，狂风从高高的雪墙上吹刮下来。不过这些问题跟大多数企鹅的焦虑比起来，实在不算什么。

又一次换季，侦察兵又发现更好的冰山，据说比现在这个还要大，那里的捕鱼水域还要辽阔。尽管现下的王国成员已经适应了新环境，可以永久待在他们的新家园，然而他们并未选择这样做。他们又踏上了迁徙之旅。这也是关键的一步：不要坠入自我满足的陷阱，不要拘泥不前。

这回你应该可以想象到，第二次迁徙的准备工作比第一次顺利得多。

CHAPTER

最重大的变革

随着时光流逝，企鹅王国日渐繁荣壮大。现在的企鹅们应对新危机时更为从容，也能抓住新的发展机遇，这或多或少都离不开此前的融冰危机对他们的磨炼。

你也许认为故事说到这里就结束了，实际上故事仍在继续。

部分企鹅开始探讨他们是如何发现完美冰山的，而由此……

传统难以消亡，企鹅王国的传统文化变革同人类世界一样困难重重。但就这个企鹅王国而言，传统确实得到了变革，而且是方方面面的改变。

路易斯、巴迪、弗雷德、教授继续走在寻求变革的路上。王国中的小企鹅萨莉·安、那些协助艾丽斯张贴冰报的企鹅、侦察兵全体成员都对变革的行动日益坚定，不愿停下变革的脚步。当然在企鹅语中并无"变革的脚步"这样的词句，他们可能会用一些行政管理的行话称之为"变革机构"。在不久的将来，他们会有更好的词描述变革。思虑再三后，路易斯也并未阻挡他们变革的脚步。

在对话过程中，艾丽斯（受到教授无休止的逻辑论感染）说服路易斯对集团领导班子进行重组。路易斯心里并不愿意打击那些忠心耿耿效忠王国多年的老功臣。进行机构改革的同时又要顾及老臣的颜面，实在不易。不过艾丽斯十分坚持，而且一旦艾丽斯认定了这件事的话，后果你懂的。

一位前侦察兵则不屈不挠地提出，既然现在人人争当侦察兵，那么我们要推行更加严格的挑选标准！他同教授、弗雷德及其他企鹅（例如菲利克斯）一同制订了新的挑选标准，艾丽斯与路易斯都很满意。此外，还有团体提议：应该给侦察兵更多食物奖励，倒不是因为他们需要这么多，毕竟大家都不希望养肥侦察兵，让其行动迟缓，提议更多食物是为了表达对其功绩的由衷认可。

教授则坚持将"侦察"及其他系列课程纳入企鹅学校的课程体系。包括幼儿园老师的四只企鹅积极主动地推动了这项提议。

艾丽斯与其他企鹅推荐教授接手天气预报首席的位置。教授起先不甚乐意，但最终还是自愿接手了这项工作。通过加注"真正的科学"色彩进入天气预报工作，教授也慢慢爱上了这项工作。

侦察兵中功勋卓著的两只企鹅力荐（实际上

是不断念叨）弗雷德加入集团班子，成为侦察兵的牵头人。艾丽斯和路易斯都认同这个提议。弗雷德也欣然接受了。

巴迪则被指派了更多压头工作，但他一一回绝了，不过他同时也为集团找到了其他合适人选，毫无野心的巴迪被视作谦逊的代表，大家对他更青睐有加。

路易斯退位了，成为王国的国父，享受着自在闲暇的退休生活。艾丽斯的心性也沉稳了些许，她接任王位，成为新一任企鹅王。

随着时光流逝，企鹅王国日渐繁荣壮大。现在的企鹅们应对新危机时更为从容，也能抓住新的发展机遇，这或多或少都离不开此前的融冰危机对他们的磨炼。

　　萨莉·安和她母亲的几个友人不定时碰头，他们在商议采取行动，以避免企鹅脑中再次萌发满足现状的心态。他们认为，在不甚太平的迁徙生活中，满足现状的心态是致命的威胁。他们甚至并未征求艾丽斯的许可，尽管他们中的个别也认为如此不妥，但他们还是果断先行动了。

　　艾丽斯则在百忙之中抽时间培养那些有望既能继承传统，又能勇于革新的潜力股，但实话说，这些潜力股的成长速度实在有些缓慢。

　　国父路易斯成为王国上下屈指可数的师长。小企鹅们总是一次次追问他关于"第一次伟大变革"的故事。起先，他有些顾虑，担心有摆资历、爱吹嘘之嫌。不过最终，他发现其中的意义所在，于是便给孩子们讲述王国的每一步决策如何，应对危机时的每一步行动，还有众志成城让王国发展前进的指令等。

尽管路易斯从不会说明，但他也感到这次变革的伟大之处，王国中许多成员不再谈"变"色变。而志愿者组建的侦察兵也已经成为坚不可摧的变革力量。企鹅们也强大起来，谁都不愿错过同大家共同见证非凡的变革征程。

此外，看见小企鹅们也有了使命感，这位前任企鹅王尤为惊喜，也因此对小企鹅们更是爱护有加。

* * *

结局

（故事完结，书文继续）

故事里的现实

我们希望给你"悦读"的体验。如果书中的故事让你有所启发，如果你已经在思考要在现实生活中采取行动，那么我们建议你停止考虑，开始行动吧。相信自己的直觉，让工作与生活更加美好！

如果你还想了解更多寓言解读，我们为你放送如下。

企鹅和你

　　我们寓言中的主角同现实生活中的普通人有太多相似之处。所以，也许你首先会好奇自己更符合哪个角色。弗雷德？艾丽斯？路易斯？巴迪？教授？积极主动的萨莉·安？或者是某两个角色的混合型？又或许以弗雷德为主，还带有一些路易斯的特征？

　　可以肯定的是，无论你什么时候追求创新大胆的想法，总有不不之类的人会阻挡你，考验你的勇气与决心。我们故事中的英雄通过不同的方法为王国的胜利立下功劳。他们中没有完人，但他们缺一不可。这样的话，你也许会问自己：什么类型的企鹅可以与自己互补，或者说，可以补足自己的短板？如此思考也会是一项有意思的实践。

领导力提升八步法

　　越来越多的人面临着他们的融冰危机，融冰危机的背后是不断堆积的灾难与机遇。融化中的冰川形式多样，可能是日益老化的生产线，愈发与现实脱节的教育现状，质量日益堪忧的服务，日渐无稽的商业策略。而我们往往对这些危机的后果感到力不从心，毫无对策。故事中，我们的南极洲朋友抓住机遇、化解危机的经验放到当今的社会，实际上就是成功企业、创新机构所经之路，无论是百人小公司还是十万人的大企业，私企或国企，高新产业也好，其他产业也罢，均是如此。

关于引导变革的基本点，我们做了概括，下面将讲解八步法，同时让读者结合自身处境进行思考：在你的团队中，谁是发现问题与机遇并积极行动的弗雷德？团队中有没有助力弗雷德发出呼声的艾丽斯？我们的企鹅朋友是如何完成第一步的？第二步呢？第六步与第八步呢？将答案带到你的现实处境中考量。在你实施变革与策略的过程中，你又是什么样的角色？你已经在哪些方面取得了进展？是什么问题导致你进度放缓？现在要鼓足干劲、集中精力，你需要参照哪个或哪些步骤？如实分析你的处境，不时思考一下上述问题，总是有所助益的。

搭建平台

1. 营造紧迫感

让其他人意识到变革的必要性与行动的迫切性。为行动的实施汇集越来越大的能量。

思考：我们的变革有充足的"理由"吗？多少人相信变革的必要性？要向他人阐明变革必要性的话，我们的冰雪模型、玻璃瓶实验或是其他能借助的道具是什么？

2. 组建牵头的团队

确保有强大的团队来牵头变革：一个具备领导才能、群众基础、沟通技巧、权威性、分析能力、紧迫感的团队。

思考：我们有没有认同变革之紧迫性的核心团队，像是路易斯、艾丽斯、巴迪、弗雷德与教授般的人物？这个团队是不是一开始就能相互配合，还是说也需要一场共同捕猎的体验？

制订行动计划

3. 制订变革计划与战略

明确未来会有怎样的变化，明确实现新未来的计划。

思考：企鹅王国的迁徙与自由在现实社会中可对应为什么？未来的愿景是否足够吸引人？我们有没有可靠的路径实现目标？有没有海鸥一样的向导，或者其他模范可供参考？

4. 充分沟通，争取理解与信任

尽可能让更多人理解并接受变革的计划与战略。不要拘泥于"放弃抵抗"的强制指令，要让更多人自愿协助。

思考：我们有没有等同于冰报或是圆桌会议之类的沟通方式？机构中有没有来自各个层面的成员能帮助我们传递信息？

5. 授权行动

为那些志愿实现变革的人们排忧解难，清除障碍，同时鼓励其他人加入清障，为真正的变革贡献力量。

思考：有谁相信变革，谁是愿贡献一己之力的策划者与侦察兵？我们有没有清晰传达出求助的信息？我们的努力够了吗？有没有方案可以应对唱反调的不不、哭闹的幼儿园小企鹅以及其他成功路上的障碍？

6. 取得短期成效

尽快取得一些看得见的成效，能够说明情况越来越好，而且未来将更明朗的成效。只要有成效，就可以传递出好消息，稍加庆贺。

思考：我们委派给侦察兵的首要任务是不是快速完成，从而压压怀疑论者的气焰？我们是否也能举办诸如英雄日之类的活动，以此认可突出贡献者的成绩，也为有所进展而庆贺？

7. 切莫松懈

取得初步成效后，要加倍努力。不断推进变革，直到实现最终目标。

思考：我们有没有提高第二波侦察兵的入选条件？哪些会议不再必要，可以取消，以免浪费精力？我们还能做些什么保持良好的变革态势？

巩固成果

8. 打造新文化

坚持新的行为方式，保证新的行为方式的推行获得成功，直到旧传统为之取代。更好的状态是：还可以坚持以上所有步骤，使其成为自己的生活方式，以此适应快速变化中的世界。

　　思考：对于那些在变革中贡献了力量的人，我们是否要提拔重用至领导岗位？侦察兵有没有得到嘉奖？企鹅王国将侦察课纳入了学校课程，那么我们又有什么措施可以推动变革的体制化？

集体议事的力量

最后，我们来谈论一下集体议事的力量。在变革过程中，面对困境，能有共同的思维路径或是分析语境的团队少之又少。"协调一致"这个词在当下出现的频率很高，而协调一致正始于集体议事的过程。所以，你可以在同事之间传阅一本书，然后定个时间一起讨论这本书，或者就把这场讨论纳入既定的会议议程。

关于此类会议讨论，我们搜集了十余年间的对话，此处举三五例。需要说明的是，每段对话实际只有两三分钟，而我们在短时间内捕捉其中细节的成果可能并不完美。此处作为参考，旨在激发读者的思考：在自己的处境和团队中，如何引导有益的讨论。

案例1：冰川有时融化得特别缓慢

十来人的室内会议，时长为一个半小时。会前任务是读一本书，然后反思过去一段时间以来机构内部的变革举措，目的是积累先前的经验，同时向身边的人学习。会议伊始，讨论片段如下：

"我们过去的三到五年间，有没有过融冰危机？"一个人问道。

"当然有。"第二个人迅速答道。

"我认为最明显的危机就是客户满意度的问

题。与企鹅王国在两三个月内就面临存亡危机比起来，这个问题不算严峻。这只是我们面临的问题之一。很多年了，这个问题的发展十分缓慢，从未急剧恶化或是困扰到谁。"

"不过在企鹅王国也有同样的问题。冰川的融化十分缓慢，所以很难意识到。而且，当有人指出问题，其他人的自然反应是质疑——证据在哪？你在说什么啊？其他人要么指责别人，要么找借口。即便偶尔蜻蜓点水提起了客户满意度的问题，或是其他相关问题，这种声音也很快会被人们淡忘。或者人们会说，你只是看到了负面反馈，实际上还是有许多正面反馈的。"

"反思起来容易，真的到了那个情境中又不是如此了。"

"我认为最大的问题是这么多年来，集团一直非常成功，已经滋生了骄傲与自满。"

"这儿有弗雷德吗？"

"当然有。沙利文就是一个弗雷德，汤米也算一个。"

"不错，但我认为他们有时候太过劳累了，都有点力不从心的样子了。我不是批评他们啊，因为我也知道辛苦的员工肯定很煎熬。"

"但是关键不在这儿，关键在于，如果融冰十分缓慢，既不剧烈也不明显的话，我们会不会同那些企鹅一样，极易忽视融冰的迹象，也极易驳斥警告的声音？"

（作者加注：冰川隐喻在现实对话中起了作用。）

案例 2：不要固守于拥有什么，而要追寻需要什么

此案例与案例 1 的时间地点均不同：

"有人知道重大变革大获成功的事例吗？"

"我想说卡拉团队就很成功，大概两年前，卡拉团队在非常短的时间内就完成了许多变革。而且，我们都知道，成效十分好。"

"我同意。"

"那么他们是怎么做到的呢？"

"这里面至少有部分归功于推动变革的人。"

"此话怎讲？"

"卡拉有点像路易斯，而她的艾丽斯就是乔治·卡尔特。"

"而且她还有个弗雷德，或许不止一个。"

"索恩就是一个。他入职不久，总是有很多新点子，有时显得有点天真，不过创新力惊人。"

"蒂姆身上也有很多教授的影子。"

"罗德里格斯更像是巴迪。"

"那么卡拉会不会也像企鹅王那样是有意挑选他们的呢？"

没人知道答案。

"据我对卡拉的了解,我打赌她肯定不会简单告诉他们'现在你们就是新型 IT 变革小组的成员了',我打赌她肯定单独和每个人沟通过,也表明如果他们中有谁感到自己分身乏术,可以回绝这项任务。她的目的应该只是召集一队愿意参与的人马,这样更有推动变革的动力。这也正是企鹅王所做的。"

"是啊。"

另一个人看了看回答"是"的那个人,问道:"那你最像哪个角色呢?"

"我吗?"

"是的。"

"你觉得呢？"

"我觉得你有 70% 的弗雷德与 30% 的巴迪。"

几个人点头赞成。

"那我们之中有没有谁像不不呀？"

几乎全体成员同时转向一个人，那个人发现后笑称："我没那么坏吧！"

（作者加注：永远不要低估笑的力量，发自内心的笑，而非讽刺的笑，真心的笑能缓解压力或是敌对的氛围，有利于促进较有难度的重要谈话。）

案例 3：变革的头号杀手是？

同样是不同于上述时间与地点的回忆片段：

"大家认为我们最失败的变革计划是什么？"

"对我而言，这个问题很简单。答案就是'向前进计划'。"

近半数人立马点头赞成。

"为什么会失败呢？"

"我认为他们从未营造出紧迫感。他们只是设了专项项目部，提出了计划。大家都得到不同的部分去实施，我怀疑半数的人并不清楚整体计划的重点或意义所在。部分人认为这个计划就是个错误。另一部分人则忙于其他事务，对这个计划并未太在意。因此，即便这个专项项目部拼命工作，我猜他们很快就遇到了麻烦。"

"曾有人试图营造紧迫感吗？"

"如果有人试图营造紧迫感，那么也没有人像企鹅王国那样做玻璃瓶实验、冰雪模型，或者是路易斯那番振聋发聩的讲话，或是打破质疑的英雄日节庆。"

"我认为他们初期还是做了一些沟通，讲了变革的必要性。不过并不充分。只是老板的纪要。也许还有其他一些会议记录，不过，如你所言，并没有任何像企鹅们做过的进一步努力。"

"我认为这期间沟通也是个问题。在企鹅们几乎每天都要前往的水下，并没有任何冰报贴出来。团队沟通宣传的力度不足，帮助他们的人也不多。"

"应该还要更新并通报项目的进度。"

"确实如此，不过我打赌项目进度只有负责的那个部门掌握，而不是或多或少会受其影响的全体，也不是那些可能提供帮助的部分。"

"他说得对。我什么进度都没看见。"

"而且他们之中热情高涨的热心成员肯定很少，反正肯定是不够的，在企鹅王国，有阿曼达、侦察兵、幼儿园小企鹅萨莉·安。"

（作者加注：永远不要忽视紧迫感的重要性，要让更多人感到紧迫。）

案例 4：无法延续下去的变革不是变革

最后的例子：

"按他们所采取的标准评估，新的'走进市场'战略的实施的确是成功了。但我不知道今天来看，就评估的客观性与实施的效果而言，走进市场战略的成功是否做到自我延续。也许我们是往正确的方向或者说有前景的方向进步了一些。但对比几年前……"

"我们越来越接近先前的老路。"

"那么问题出在哪儿呢？"

"想想那些企鹅吧。他们的做法和我们的不同之处在哪里？"

"他们富有激情的参与者比我们多。他们营造紧迫感的企鹅比我们多，相信问题所在的人比我们多，参与大变革的人比我们多，而且他们都是'自愿参与'。"

"我认为我们这里还有商业预售的问题。"

"我记得当时有一堆幻灯片展示。"

"我没印象。"

"我记得有的。不过主要内容是实施计划、预算、争取信任度。"

"但那是我们行之有效的常规做法啊。"

"不，常规做法是针对常规工作或者其他小问题，可能行之有效。但我们这儿提到的是更为重大的变革。"

"所以这是一个常规小事与重大转折的区别咯?"

"我认为是的。这个问题值得探讨。想想芝加哥工作室的做法……"

(作者加注:考虑要推动变革计划时,认真衡量一下需要改变多少人的工作方式,数字越大,变革的规模就越大,大范围的变革路径就不同于小范围了。)

你发现了吗?

由首次讨论发展到更多富有成效的讨论:更有深度、信息量更大、矛盾点更少。这样的讨论中产生的误解也更少，因为大家都用了同一套隐喻的话语体系。

我们也发现，首次讨论看起来多少有些尴尬，毕竟一群严肃的大人要正襟危坐谈论的竟然是一个傻傻的寓言故事！多少会引发一些局促的笑（但有人发笑也不是什么坏事！），还有一些对谈话内容感到严重威胁的人会试图打断讨论。不过，只要有一两个勇士能提出或回答那些理性的问题，讨论总会继续。

我们强烈建议你也做此尝试！

＊　＊　＊

完结

（卷尾还有“彩蛋”）

＊　＊　＊

作者问答

问：为什么要出十周年纪念版《领导就是让人追随》？

约翰·科特：对我而言，有两个原因。其一，过去十年间，世界发生了许多重大的变化，如果这本书不做出相应回应的话，多少有点羞赧。其二，过去十年中，我们也收到很多读者的正面反馈，也提及他们如何从中获益，我想也应该让现在的读者了解一下。

问：那么二位在过去的十年间有什么新收获呢？

约翰·科特：最基本的一点是，大部分领域、大部分产业的变革一直在加速。也因此，相关机构的重大变革量也在增加。其中不乏运营变革、营销变革、销售变革、金融变革等等。这一点影响重大。

霍尔格·拉斯格博：举个例子，如果你提问："在工作中有没有参与什么变革创新计划？"不论你是在管理层会议上、销售大会上，或是制造行业的包装线上发问，十年来举手示意的人越来越多。不过我认为，大多数人对此还没有防备，或者说不够重视。

我们总以为生活经验与过往经验能教会我们很多，让我们足以应对创新变革之需。然而事实一次次证明，当变革频率越来越高，覆盖面越来越广，那么我们过往的生活经验不再完全是个好老师。

而我认为这正是书中寓言的重要性所在，因其提供了一套话语与方向，让我们在茫然不知所措的时候有所参照。故事是基于我们多年来的真实实验与现实情境，内容很明了，虽然做到也是有些难度，但也很清晰了。其中最大的益处在于，当现实团队中大多数人处于困惑之中，那么我们的故事给了大家系列行动的建议，可以大大提高个人与团队的成功率。

这也是我们写这本书的初衷，也是我们要发行新版本的原因。我确信这本书比十年前的版本信息量更大，更为有益。

问：你们对故事有修改吗？

约翰·科特：对于会时常翻看这本书的忠实读者而言，我相信应该也察觉不到我们的细微改动。就好比拍摄一部电影，拍摄的内容永远比实际上映的成片多得多。想象一下，如果一名导演十年后再基于观众风评，重新制作了新的"导演剪辑版"，目的是为了让观众对这部电影有更为强烈的感受。而且，或许这位导演也考虑到首登荧幕后十年间的社会变迁。重新剪辑是为了让电影在当下具有更深的影响力。所以，可能原版中并未出现的一些台词和场景都在新版里出现了。故事还是原来的故事，但稍加改动增删，都是为了让读者更深刻感受到进行变革沟通的紧迫与重要。这大概就是我们的微调及原因。

霍尔格·拉斯格博：还有个例子。在日新月异的今天，公司的变革往往比十年前更加重大，跨度更大，目标也更大，一切都发生得更加迅速，因而要准确预测可能的改变越来越难。不确定性的增加导致焦虑的加剧。所以，我们在故事中做了细微修改，以此反映当今的人们如何妥善应对加剧的变革现实。

回想一下，当路易斯站在大家面前，说出冰川正在融化，需要行动起来那一幕。如果不是胸有成竹或是有备而来，那么显然这番言论必定会引发大范围的恐慌，那样的后果较之忽视危机而言，并没有好到哪儿去。于是，我们在这个版本中增添了巴迪和其他企鹅积极与遇到困境的企鹅沟通，打消他们的顾虑的情节。这是个细节改动，实际上就一两个段落，但内容少并不代表不重要。

问：对于变化局势下的领导能力激发良好的

机构行为方面，科特有着几十年的研究经验。而你几乎把所有的研究成果都发表于面向管理者的专业书籍中，唯独这一次你选择了寓言。为什么呢？

约翰·科特：我长时间研究人们的习得问题。我认为，很显然，我们的大脑认为故事更加轻松。一个好的故事很容易让人接受并记得，尤其当故事中还有部分情感因素的时候。

这很可能源自人类千百年来的习惯。原始社会，部落首领可能就是给他的子孙讲故事，讲述部落里有谁从虎口为他们夺回食物，拯救了整个部落，或者丧生虎口。这就是一个蕴含重要知识的引人入胜的惊险故事。

故事的形式之一便是动物寓言。其优点在于

简短，而且不同于传统的管理学书籍，其受众面更广。如果故事讲得好，故事里有意思的动物们做了不寻常的事情，那么就能让读者印象深刻。而且，好的寓言里面总有一些基本的道理，会萦绕读者的心头，从而切实影响我们的行为。

因此，我就一直考虑要以寓言形式讲述重要的管理学知识，而霍尔格有了好主意。

霍尔格·拉斯格博：一切开始于一次讲座。我接到邀请，要面向众多高管花 2 ~ 3 小时讲解约翰《领导变革》一书中提及的八步法。我当时很明白，单单用幻灯片展示并不是好方法。所以，我构思了一个融化冰川之上的企鹅王国故事，当时还是很粗略的剧情。核心就是他们遇到了危机，然后通过八步法化解了危机。当时那个故事是现在的高度简化版。不过……

约翰·科特：然后霍尔格就发了封简短的邮件告诉我这件事。我认为这简直太有创意了，我非常喜欢。来回沟通大约一年后，我告诉他：我们来写本书吧。

问：所以这个寓言就是基于你的研究与真实事例吗？

约翰·科特：是的。我甚至说不准部分情节来源要追溯到多久以前。大概三十年，也许更久远。而我们在过去的十年间也学到了不少。

问：最新的研究是否在新版中有所体现呢？

约翰·科特：有的，比如说，如果对方非常

自满，那么诸如"你的冰山在融化"之类的提醒比较容易吸引其注意。不过，如果你一直告诉他有危机、有危机、有危机，那么他会恐慌，陷入恐慌并不是什么好事。人们会开始为自己担忧，为家人担忧，而不是为集体担忧，那么早晚会被这样的焦虑所击垮。过去十年的太多案例告诉我们，要想持续变革，那么必须把关注点从危机转至机遇。需要更为正面的思考。正面的思考也能让大家不那么轻易被压垮，不只关注自身，而要保持积极昂扬的状态，始终关注整体的发展。所以，这也是一处体现。

霍尔格·拉斯格博：还有一处。世界日新月异，我们需要更多能迅速投身变革的人，能积极推动变革的人，而且这个需求不是呈倍数增长，而是呈系数增长。而我们传统的应对方法无法达到这么广泛的投入与参与度。将变革交给身边同类型的人是行不通的。

需要更大的团队，至少在核心小组中需要更多的成员。沟通一直举足轻重。不过，如果越来越多人加入其中，或者当需要更多人之时，那么不断的沟通是前提。通过广泛宣传小有成效的信息，从而巩固团队的凝聚力，树立威信。除了组织更多相关的活动外，还需要不断宣传需要什么的信息，这样会有更多人加入，共同实现变革的愿景。

问：为什么选择企鹅作为故事主角？

霍尔格·拉斯格博：约翰那本关于八步法的《领导变革》书上已经有企鹅封面。这点无疑影响了我们的选择。另一个理由，简而言之，是因为企鹅，尤其是帝企鹅很奇特，我们人类莫名对它们感觉亲近，而且看到它们往往让我们感到欢快，这些因素都非常正面。

问：还有没有想给读者补充的话呢？

约翰·科特：好的。在动乱年代，充分的领导能力不单来自一两个高层领导，这一点非常重要，不少的情况下，都是如此。当他人发现问题或威胁，那么第一个站出来的那个人往往不会坐视不管或坐以待毙，他们会抓住机遇，采取行动。那个人为什么不能是正在这本书前的你呢？

霍尔格·拉斯格博：关键在于团队合作——协调沟通的领导才能。八步法能给出变革相关的行动指导，而这一点，老实讲，是当下最常见的问题。

问：有没有考虑过《领导就是让人追随2》，也就是说，在这本十年纪念版外，出一本真正的续集？

约翰·科特：确实有。我们讨论过，不过谁知道呢，也许我们会一直讨论下去。不过我们目前有点困在如何扩展这个故事上。所以我们想，或许可以从头来过，富于创新的霍尔格已经在考虑其他的动物情节，实际上，我们已经有了一些成果。新的故事情节超越了变革过程，以我们最近的研究为基础，审视了其中一些决定性因素。而且这次，我们选择了（或者说霍尔格选择，而我赞成）猫鼬（又称狐獴）。

霍尔格·拉斯格博：也就是非洲的一种可爱的小动物。而那本书的名字是《好团队激活个人：猫鼬教你如何带团队》。创作的过程非常有趣，而且我们也有了一些对读者有益的发现。

约翰·科特：当然，非常有意思的一本书。在某种程度上，我所有的研究，或者说我终生的事业，让我完全相信，在未来的世界，领导力与变革的研究与实践只会越发重要，还会成为所有有志于创造未来的人必备的技能。